株は5勝7敗で十分儲かる!

ビビりの
わたしにも
できた
身の丈投資術

藤川里絵
Rie Fujikawa

ビジネス社

はじめに

「他人の損は、蜜の味ですね」

本書の原稿を最初に読んだ編集さんの言葉です。なんとも複雑。曲がりなりにも、株式投資スクールの講師ですから、こんなに負ける姿を世間にさらすのはいかがなものか？

そもそもの始まりは、２０１７年も終わりに差し掛かったころにいただいた「有料メルマガを始めませんか？」というお誘いでした。日頃から、ツイッターやブログで駄文を垂れ流しているわたしが、人様からお金をいただくような文章が書けるとは思えません。もったいぶって披露するような特別な情報やノウハウも持ち合わせていません。すぐにお断りしようと思いましたが、ふと、天から「日々の売買を公開してはどうじゃ？」と神の声、いや、**悪魔の声**が。

たしかに、２０１７年は、そこそこ投資で利益を出していましたので、銘柄選びや売買のタイミングは読者の皆さまの参考になるかもしれない。無料で公開するほどお人好しではないですが、有料であればいいかも！　と、やや上から目線で始めてしまったのです。

いざ、始めてみたはいいものの、2018年は大波乱の年でした。2月、8月、10月、12月と日経平均株価が1日で1000円下落するほどの大暴落に何度も襲われ、息も絶え絶えの毎日。もちろん、こんな下げ相場でも、上手に勝てるやり手の投資家さんはいますが、わたしはそれほどの腕を持ち合わせていません。全体相場が大きく下がったときは、わたしもコテンパンにやられました。

うまくいっていない売買を日々公開するのは、なかなかヘビーな状況ですが、意外にもメルマガ読者の皆さまからは**「藤川さんも負けていると思うと元気が出る！」「励みになる！」**といったお声が続々と届きました。負けて喜ばれるのも妙ですが、たしかに自分が負けているときに、勝っている人の話を聞くのは凹みますよね。

ただ、2018年を振り返ってみれば、あれだけ損切りしたにもかかわらず、トータルではプラスで終えることができました。これは**我ながら不思議**というか、グッジョブというか。小さな負けはたくさんあったけど、致命傷は負わずに済んだということでしょう。そして、これこそが個人投資家にとっていちばんのキモ。一生、投資家であるための最重要事項ではないでしょうか？と、自分の負け戦を美化してみました。

話を元に戻しましょう。

本書は、わたしの日々の売買を記録したメルマガ「藤川里絵の勝ったり負けたり〝赤裸々〟株ノート」から抜粋し、加筆したものです。冒頭で登場した編集さんの「他人の失敗は見たいもんなんですよ」のひと言で、一部のマニアックな人たちだけに愛されていたこのメルマガを、世にさらすことに。

どうぞみなさま、わたしの負けっぷりを楽しんでやってください。もし、あなたが株でうまくいってないとしたら、気分爽快になりますよ。もしくは、まだ株式投資を始めてない人にとっては、こんな負けてもいいんだと、投資を始めるハードルが低くなると思います（逆にこんなに負けるの？って怖くなっちゃうかも）。

ひとつ、わたしのメンツを保つために付け加えておきます。たくさん負けていますけど、ときどきは勝っています！　1年間のトータルで負けてないということは、〝負けは小さく、勝ちは大きく〟の結果です。株式投資にリスクは付き物ですから、ぜったいに負けないということはありません。いかに負けを小さくしていくか、そういう意味では、少しは参考になるかもしれませんね。

何はともあれ「他人の損は、蜜の味ですね」ですから（笑）。いち個人投資家の泣き笑いの売買記録を存分にお楽しみくださいませ。

はじめに——2

第1章
「勝つ投資」ではなく「負けない投資」をしよう　9
「負けない」ことの大切さ／どれだけ儲けるか、ではなく、どれだけ損するかを考えよう／5勝7敗でも儲かる理由／いきなり億を目指さず、身の丈にあった投資を

第2章
わたし、火遊びしちゃいました！　21
2018年1月〜3月
泉州電業／河合楽器製作所／イワキ／HANATOUR JAPAN／カチタス／ナレッジスイート／リンクバル／エスティック／ハーバー研究所／仙波糖化工業

COLUMN　負けないための売買ルールの考え方　その1——42

第3章

わたし、一進一退です！ 2018年4月〜6月 43
ステップ／フライングガーデン／スターゼン／フジ／ネットマーケティング／GameWith／美津濃／オロ／マツオカコーポレーション／スクロール／MS-JAPAN

第4章

わたし、すこし調子に乗っています！ 2018年7月〜9月 67
竹本容器／グレイステクノロジー／スカラ／ユーザベース／ダブルスタンダード／グリムス／日本和装ホールディングス／共同ピーアール／RAPホールディングス
COLUMN 負けないための売買ルールの考え方 その2 86

第5章

わたし、10月の暴落を乗りきったんです！ 2018年10月〜12月 87
MS&Consulting／ワークマン／オリエンタルランド／グノシー／コムチュア／バリューコマース／クレステック／フォーカスシステムズ／日本電気／小松ウオール工業
COLUMN 負けないための銘柄の選び方 108

第6章 わたし、感じるんです、大儲けの予感！

2019年1月〜3月 109
乃村工藝社／サニーサイドアップ／ＪＢＣＣホールディングス／電算システム／日本コンピュータ・ダイナミクス／トレジャー・ファクトリー／ｎｍｓホールディングス／マネジメントソリューションズ
ＣＯＬＵＭＮ　負けないためのメンタルコントロール　その1 126

第7章 わたし、偏愛してるんです！

愛着銘柄20 127
オリコン／応用技術／スタジオアタオ／ヒビノ／マニー／エスプール／手間いらず／エニグモ／グローブライド／北の達人／リオン／ＣＥホールディングス／オイシックス・ラ・大地／ＲＰＡホールディングス／ＬＩＴＡＬＩＣＯ／ユニバーサル園芸社／ＰＲ　ＴＩＭＥＳ／ひらまつ／ＧＭＯペパボ／エフピコ
ＣＯＬＵＭＮ　負けないためのメンタルコントロール　その2 138
おわりに 140

第1章

「勝つ投資」ではなく「負けない投資」をしよう

「負けない」ことの大切さ

わたしは、〝2010年より年間損益負けなし〟という看板を掲げています。看板を掲げているというと偉そうですが、デビュー著書の帯に書かれているものだから、雑誌などのメディアで紹介されるときに、たいていその一文がプロフィール文に組み込まれます。

しかし、この〝年間損益負けなし〟というのは、いまいちインパクトにかけるというか、夢がないというか、勝ってこそなんぼの株の世界ではそれほど誇れることでもないように思います。というか、思っていました。

2010年から2017年というのは、日経平均株価が1万円台を割るところから、2万2000円を超えてくるという大相場でしたから、大抵の人が負けていません。日経平均株価の上昇よりも、何倍、何十倍もの好成績をあげているならまだしも、ただ負けてないって……。

ところが、2018年はそれまでとは様子がガラリと変わりました。

まず2月には、アメリカのＶＩＸ指数（恐怖指数）が37と急騰。通常は10から20くらいで推移するので、30を超えた数値は、市場に大きなネガティブインパクトを与えました。これを受けた2月６日の日経平均株価は、なんと１０７１円の大暴落。１月が好調だったため、余計にこの下げは投資家心理を冷え込ませました。もちろん、わたしの2月の成績も大きなマイナスに。

その後は、３月に９７４円の大きめな下落があったものの、なんだかんだアメリカ経済は強く、それに引きずられるように日経平均株価は、10月２日に27年ぶりの高値２万４２７０円をつけました。ところがそれからわずか6営業日後の10月11日には、９１５円安。上げたり下げたりのジェットコースター相場に、ぐったり疲れた投資家も多かったのではないでしょうか？

迎えた師走。12月に株は上がるというアノマリー（理論では説明できない経験則）にほのかな期待を寄せていましたが、見事に裏切られ、25日は日経平均株価１０１０円安。月間下落率は10・５％というとんでもない年末となったわけです。

結果、２０１８年の日経平均株価は、年初より12％安という7年ぶりの負け越しに。

さて、ここで思ったのが〝**負けない**〟ことの大切さです。２０１８年のわたしの成績は、ほんのわずかではありましたが、なんとかプラスで終えました。もし仮に、２０１７年までの好調を自分だけの実力と過信し、買えば勝てると考えていたならば、2018年の暴落時にもナンピン買いを重ねて大きく負け越していたかもしれません。そうなっていたら、こんな本を書こうなんて気力もわかないし、そもそも株式投資の世界から退場していたでしょう。

負けなければ投資は続けることができます。〝負けない〟投資を続けていれば、おのずと投資の経験値が上がり、勝率も上がっていくでしょう。そして負けずに投資の世界に居続ければ、人生のうちに何度かやってくるであろうアベノミクスのような大相場でしっかり〝勝つ〟ことができるのです。

投資歴10年目のまだまだ若輩者ですが、〝負けない〟ことが、投資家としてのわたしのいちばんの強みかなと思っています。

どれだけ儲けるか、ではなく、どれだけ損するかを考えよう

効率よく株で稼ぎたいと思ったら、多くの人は信用取引を利用します。実際に、信用取引で、

短期間で億超えをした人の話は、よく雑誌などでも目にします。上手に利用すれば、たしかにコスパのよい投資ができるでしょう。しかし、わたしは、基本的には信用取引は行いません。

まずここで、信用取引のいろはをお伝えしておきます。

信用取引のメリット

- 自己資金以上（最大3・3倍）のお金を運用できる
- 売りからできる（下げ局面で利益が取れる）
- 売買手数料が通常の現物取引より安い
- 1日に何回も売買できる（現物ではできない）

信用取引のデメリット

- かならず反対の売買を行わなければいけないので、決済したくないときにやむを得ず決済しなくてはいけなくなる場合がある
- 突然の暴落や暴騰で、思わぬ借金を抱えてしまうことがある
- 金利がかかる

ここでメリット、デメリットを比べた場合、ビビリのわたしは、借金を抱えてしまうことがあ

るという時点で、信用取引は却下となります。少なくとも現物株の取引ならば、自分が投じた金額以上に損することはありません。つまりリスクはマックスでも投資額となりますが、信用取引の場合は、自分の投資した金額以上に負けてしまう可能性があるのです。

実例で検証してみましょう。

2018年10月からたった3か月で4倍に株価が上昇し、その後たった5日でマイナス80%下落したドラマティックな株があります。その名もサンバイオ（証券コード4592）。名前から推測されるとおりバイオベンチャーの企業です。アメリカでの慢性期脳梗塞《のうこうそく》者対象の治験に失敗したという発表がきっかけで、連続4日間ストップ安になりました。

もともとサンバイオは「夢の薬」と呼ばれる再生細胞医薬品の開発を進めており、その期待値で株価が急騰していました。買いが買いを呼んで過熱感が高まってきているところでの、この残念なニュース。発表前の1月29日の株価は1万1710円。その後、連続ストップ安で、最初に値がついたのは、2月5日で安値は2401円。

株式投資をしたことない方は、もしかしたら、このストップ安で4日間も売れなかったというしくみがピンと来ないかもしれません。いくらでもいいからとっとと売ればいいのにと思いますよね。もちろん売れるなら売りたいんです。でも、買ってくれる人がいないと売れないのです。

これは株の売買もモノやサービスの売買と同じで、買いたい人、売りたい人、双方存在して初めて取引が成立します。

日本の株の取引では、1日の制限値幅というのがありますので、1日でどんなに下がってもここまでという株価があります。それでもいいから売りたいという注文を出す人がいても、それで買う人の人数が圧倒的に少ないと、その日は売れず、また翌日売り注文を出すということになります。それが連続4日続いたというわけです。

もしわたしが信用取引で、サンバイオ株を急落前に買っていたとしたらどうなるでしょう？

信用取引の口座に50万円入れて、1万円のときに100株買ったとします。その後、高値は1万2730円ですから、その時点では、口座のお金は27万3000円増えます。もっともっと上がれと欲を出していたら、暴落に巻き込まれ、どんどん株価は下がっていきます。こんな安いところで売りたくないと思っても、信用取引の場合、ある一定の割合で口座にお金を入れておかないと強制的に決済されてしまいます。結局、2401円で売買成立。100万円で買った株を、24万100円で売ったことになりますから、損失はマイナス75万9900円。もともと口座には50万円しか入れてないので、この時点で約26万円、証券会社に借金ということになります。

最低単位の１００株ですらこのダメージですから、これが１０００株、１万株、もっと買っていたら⁉　と考えると、ゾッとしますね。たった４日間で為《な》す術《すべ》もなく、一生を棒に振ってしまう借金を抱えてしまう可能性があるのです。

これが現物での取引だったら、そのまま売らずに株価の回復を待つこともできます。もしくは、売ってそのお金で別の株を買うこともできます。しかし、借金になってしまうと、株式市場から退場するしか選択肢がなくなってしまうのです。

株式投資は、１回の大きな負けが致命傷になることがあります。その可能性がある取引はしないという潔《いさぎよ》い決断が穏やかな投資人生を歩むための秘訣《ひけつ》だと思います。

5勝7敗でも儲かる理由

５勝７敗というのは、２０１８年度のわたしの月の勝ち負けです。つまりプラスだった月が５回、マイナスだった月が７回。ただし、それらの買った金額と負けた金額を相殺すると、あの荒々しい相場でもなんとかプラスで終えました。

これが意味するところは、負けの数が多くても、負ける金額が小さくて、それ以上に勝った金額が大きければいい、ということになります。当たり前ですけど、この小さく負けるというのが、案外むずかしいのです。なぜなら、負けが小さいときは「ここで損切りしたら明日株価が上がってしまうかもしれない」と思い、ついつい売るのを先延ばししてしまいます。そうこうしているうちに、大きな下げがやってくると、評価損の額が目をそむけたくなるレベルになり、そのまま放置してしまったりするのです。これがいわゆる塩漬けです。

わたしが株式投資家として、多少なりとも優れたところがあるとしたら、**損切り上手**であるところかもしれません。買う時点で損切りポイントはかならず決めておきますが、そこを割ったら躊躇なく売るようにしています。そのドライな売りは、自分でも惚れ惚れするほど。

もちろん損をするのはつらいのですが、損切りは、〝**損と縁を切る**〟行為だと思っていますので、ネガティブにとらえず、ポジティブにとらえるようにしています。実際に、損切りして後悔したことより、損切りを遅らせたために後悔することのほうが断然多いですしね。

ここでひとつ〝負けない〟コツをお伝えしましょう。

株を買うときに、損切りポイントを決めるのは先程述べました。同時に、利益確定ポイントも決めておきます。そして、かならず損切りする金額と利益確定する金額の比率を1：2以上に設定するのです。

たとえば1000円で株を買うとします。100円下がったら損切り、200円上がったら利益確定。これが1：2の比率です。こうしておくと1回勝って（プラス200円）2回負けて（マイナス200円）もトントン。このルールを守っていれば、負けの数が多くても、トータルでは負けない投資ができます。

いきなり億を目指さず、身の丈にあった投資を

1日で何百万、中には何千万と株で稼ぐ投資家さんは実在します。ツイッターなどのSNSで日々の成績を公表している方もいるので、それらを目にすることもあるでしょう。

もしくは、マネー誌などで、億を稼いだ投資家さんたちの特集はよく組まれているので、憧れ

ている人も多いのではないかと思います。

ラッキーなことに、時々そのようなカリスマ投資家さんとお仕事などでご一緒する機会がありますが、そういう方たちはみなさん桁外れに勉強家で、努力家で、さらに決断力や瞬発力に優れている特別な人だと感じます。だからこそ、自分がそこにたどり着けるかと自問すると、それは遠すぎる目標だとはっきり思うのです。

曲がりなりにも10年近く株式投資を続けてきて、その一筋縄《ひとすじなわ》ではいかないむずかしさを経験しているからこそ、そう感じるのかもしれません。なぜなら、まだ投資をしたことない、もしくは始めたばっかりの初心者のほうが、いきなり億を目指す傾向にあるからです。

わたしは、ファイナンシャルアカデミーというファイナンシャル教育機関で株式投資スクールの講師をしていますが、受講生の中にも億トレーダーさんのツイッターをフォローして、その手法やつぶやく銘柄を真似ようとする方がいます。それは、**仮免許でF1のレースに出る**くらい無謀なこと。一発で死にいたるほどのダメージを負い、二度と復帰できなくなってしまいます。

桁違いに稼いでる投資家さんは、当然、桁違いのリスクを取っていますし、そのリスクに耐えるだけの精神力や技術を兼ね備えています。その土台がない状態で、華やかに見えているところだけを安易に真似するのは間違っています。

唐突ですが、わたしは**〝身の丈にあった〟**という言葉が大好きです。身の丈にあった住まい、持ち物、衣服、食事……。そして〝身の丈にあった〟投資。それがわたしにとっては〝負けない投資〟です。短期間で億を稼ぐことはできなくても、負けずに生きている間ずっと投資家であり続ければ、自分ひとりが暮らしていくくらいは十分稼げると思います。それ以上を望んで身の丈以上のリスクを取りたいとは思いません。

〝勝つ！〟〝◯億！〟といったアグレッシブな投資本が多い中、**〝負けない〟**というキーワードを全面推しするのは、非常に肩身が狭いのですが、それこそがじつは世の中の大多数の人に適した投資法だと思います。

ぜひご自身の身の丈にあった投資法を身につけ、自分らしく、より充実した人生を歩んでください。

第2章

わたし、火遊びしちゃいました！

2018年1月〜3月

1月
4日
(木)

早めの損切りできたので！負けたけどよし！

明けましておめでとうございます！ いや〜、今年も楽しみな1年になりそうです（※結果、波乱万丈でした）。お正月休みの間、実姉に証券口座を開くところから、いろは的なことを教えたのですが、ネットリテラシーが低いのでなかなか進みません。わたしの本を読んで、株に興味を持つところまではいってるんですが、そこから実戦するまでのハードルが高い。ほんとに株式投資って超初心者から超上級者まで幅広いな〜と感じました。わたし自身は、永遠の中級者というスタンスで株式投資と付き合いたいと思っています。

新規

泉州電業【東証1部】

［9824］

3625円×100

指値買い

ケーブル専門の商社。（2017年）12月11日に会社の上方修正があり、それと同時に四季報オンラインも業績更新がされています。ケーブルなので銅の価格に影響を受けやすく、長期で持つのは不安。数週間から数か月目安で売買しようかなと思ってます。チャート的には、日足で2か月くらい続いたもみ合いからピョコっと上抜けた形。

12月28日に出来高をともなって長い上ヒゲがついていたので、そこがしこりになるのかなと思いましたが、今日はその高値を抜けてきました。20年の月足でみると上場来高値も抜けてますね。その上の節目がないので、どこまで上がるか。

その後

1/5　3830円×200　買い増し

1/10　3575円×300　成り行き売り　損切り

5日移動平均線を明確に割ったので全株売却撤退。ダマシの上げだったのかな。

銘柄保有数が増えてるので、保有したまま様子見する余裕がなかったので一気に全株売りました。

結果

マイナス5万6000円

9824	泉州電業	東証1部

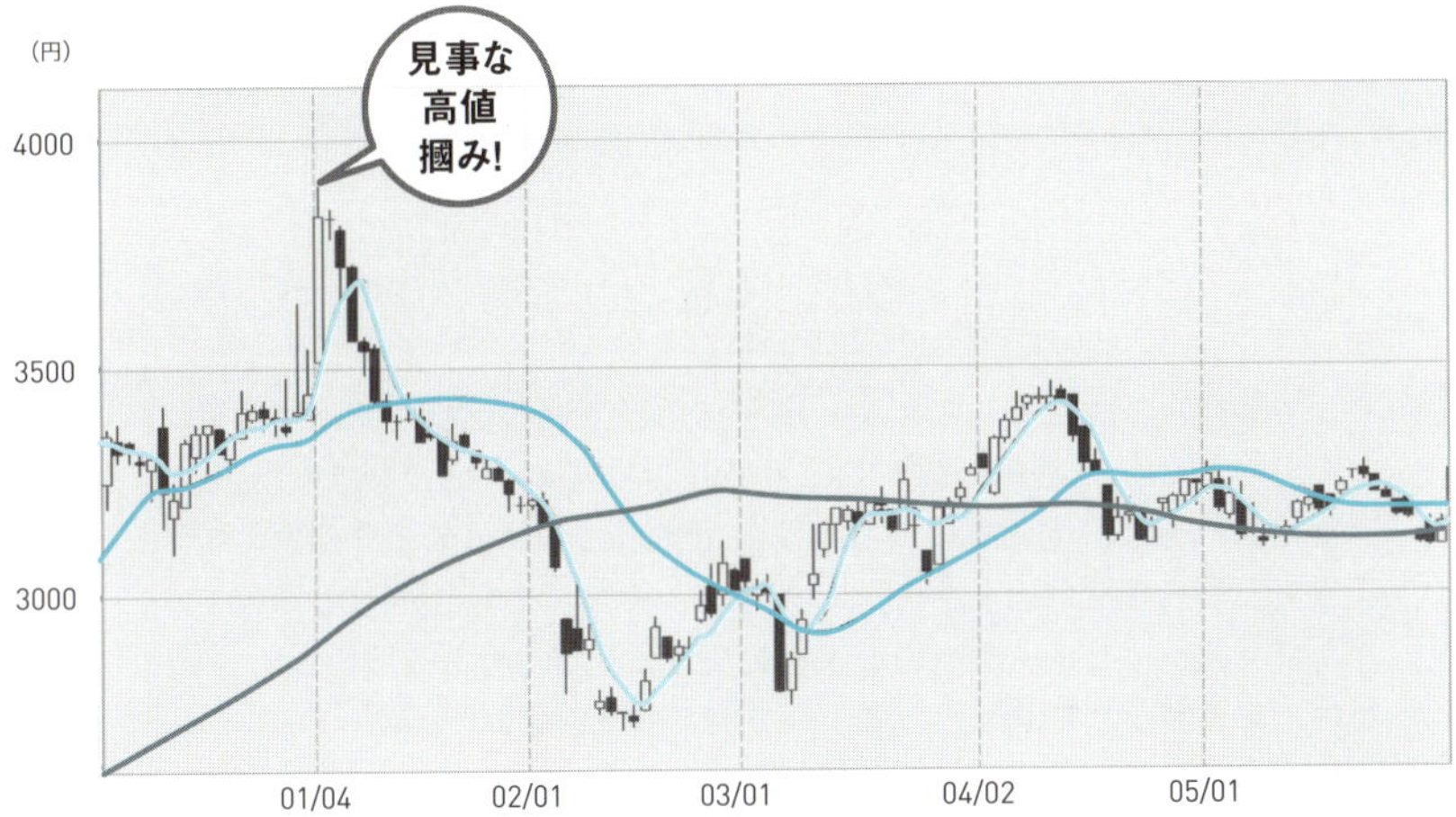

敗因

決算後、急騰したところで高値づかみしちゃいました。ケーブル専門商社がどんなもんかよくわかっていないのに、値動きだけで飛びつくというムダ買いでした。その後、1か月で2700円まで下げたので、損切りを早めにしたのはよかった。損切りのポイントは、5日移動平均線割れ。

本日の教訓

5日移動平均線から大きな陽線をつけたときに、もっと上がる!　と思って買いましたが、そこが天井で、ずるずる下がりました。こういう事はよくあります。この場合の損切りタイミングは、5日移動平均線を超えて買ったので、その5日移動平均線を割ったところになります。このルールをしっかり守れば、損切りのダメージはそれほど大きくないので、次のトレードに備えることができます。

どの程度5日移動平均線を割れたら売るかの判断は、その銘柄の過去のチャートを見て考えます。今までまったく割れたことがない場合は、少しでも割れたらすぐ売ったほうがいいですし、割れてもすぐまた戻ったことがあるなら、数日は様子見てもよいと思います。その辺は臨機応変に。

河合楽器の店舗視察で勝ちにつながる

1月
10日
（水）

ちょっとわたしは反省してます。調子にのって保有銘柄が増えすぎました。今現在、15銘柄です。ここからできれば10銘柄にしぼりたい。アレもこれもよく見えて買っちゃうんですが、それはあまり銘柄分析できてないんですね。相場がよいときは、それでも利益取れるんですが、悪くなったときに適当に選んだ銘柄が足をひっぱります。
だめだめ！買うときは売る！マイルールを徹底しないと。

新規

【東証1部】

河合楽器製作所

［7952］

3060円
×
100

指値買い

昨日、もみ合いから上っぱなれし、去年（2017年）来高値を超えました。理由は、野村証券が目標株価4700円であらたにカバーし始めたというニュースです。
中国で楽器の習いごとがはやりはじめてるようですね。大手のヤマハと比べると時価総額も手頃でおもしろいと思います。

その後

1/11　3080円×200　買い増し
1/12　3400円×100　買い増し
じつは今日、表参道のカワイに偵察に行ってみたんですよ。わたし以外、ほかにお客さんがいなかったのですが、そのおかげで店長さんらしき人と話ができました。
そうそう、株価の動きが学研と似てるんじゃないかと書きましたが、河合楽器製作所と学研って協業してるんですね（2015年7月より「同じ場所で学ぼう」をテーマに、ピアノと学習が一緒にできる教室を展開）。それぞれがそれぞれの株主です。学研はちょっと上がりすぎましたが、河合楽器製作所はこれからという気がしますよ。
2/8　今日決算発表の河合楽器、現在400株保有。
本来なら決算前に半分売るのですが、悩んだあげくキー

7952 河合楽器製作所 東証1部

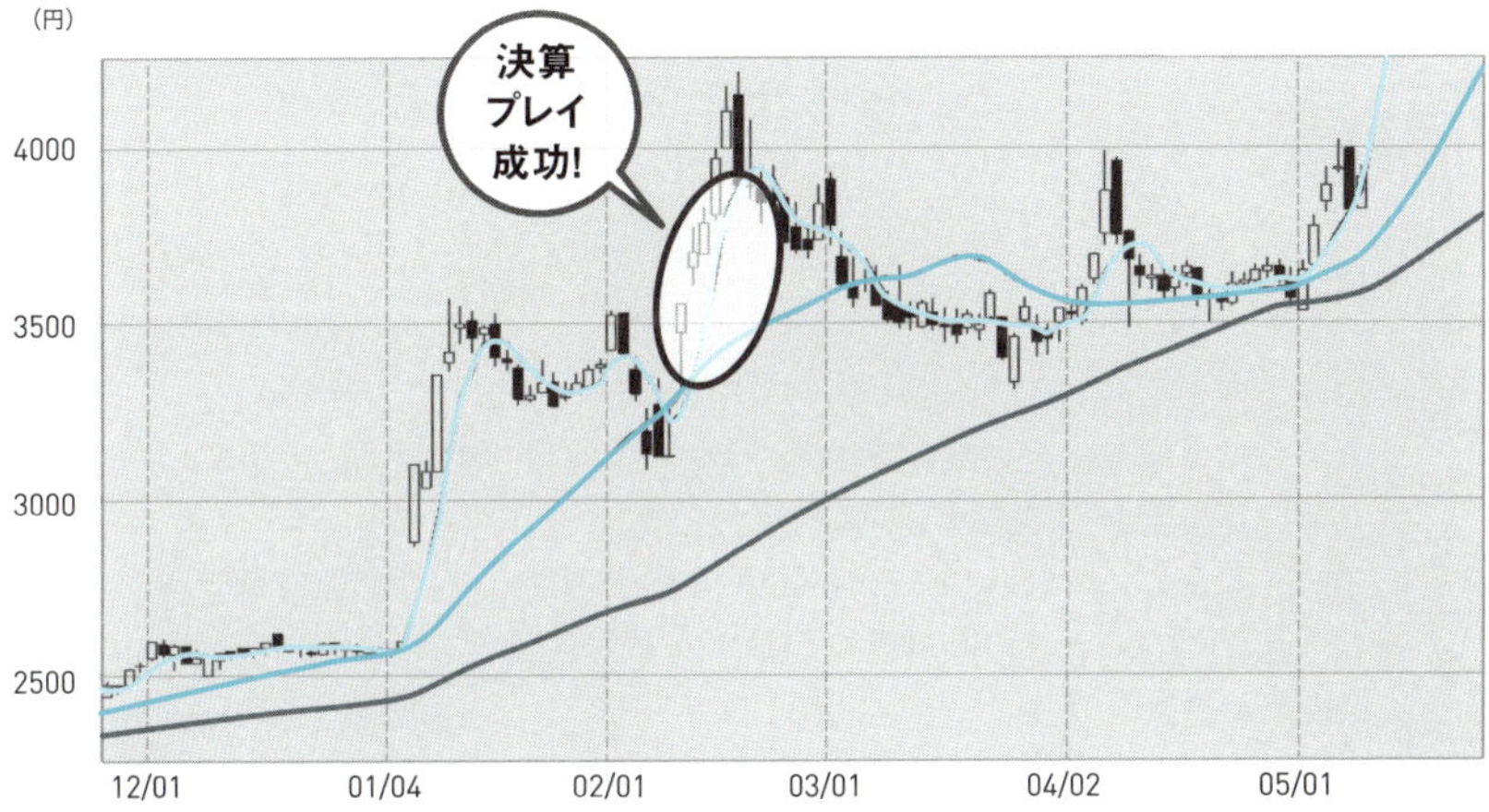

プ。株価の位置が高くないこと、保有株数がそれほど多くないこと、ヤマハの中国での楽器販売が前期比20%伸びてること。以上の理由です。あとはもう、念!!!

2/9 そんなに昨日の終わりと変わってなかったです。っていうか河合楽器製作所、いいじゃん!!

やっぱりわたしの見立ては間違ってなかった!! 現場の声って確かだよね。表参道のカワイ楽器の人の「中国でピアノブームが起きている!」あの言葉を信じてよかった!

2/13 3710円×100 売り

400株持ってたので一部売却。利益が15%超えたので着実に押さえて行く方向で。チャートは節目を抜けていい感じなので、本来ならもっと強気でいたいけどなんせこういう地合いですから。取れるものは取ってこ。

2/14 3780円×100 売り
2/15 3910円×100 売り
2/16 4135円×100 売り

結果 プラス29万1500円

勝因

カワイ楽器は、自分で店舗を視察したことがいちばんの大きな勝因です。そこで店員さんに、中国でのピアノブームの話を聞けたことで、自信を持って買うことができました。

1月
11日
（木）

下ヒゲでささってラッキー!と思ったけれど

今日は、昨日お伝えしたBSジャパン「お金のなる気分」の収録だったので、ザラ場中はぜんぜん株を見られてません。朝、出かける前に、注文をいくつか出して放置プレイしてました。
いやー、しかし、慣れないことをすると疲れますね。人前で話すのは慣れてるけど、カメラの前で話すのはぜんぜん違いました。自分では見たくないなー。

新規

イワキ【東証1部】

[6237]

3550円×100

指値買い

ケミカルポンプの専業メーカー。（2017年）11月10日の第2四半期決算がよくて上昇したものの、その後調整してましたが、再度、業績のよさが見直され買いが入ってきましたね。

昨日、決算後の高値を超えたのをみて5日移動平均線近くで指値をさしてました。ちょっと賢かったのは、成り行きじゃなくて、指値にしたこと。

ささらなくてもいいから、移動平均線付近まで下がったところで買いたいと思いました。

結果、今日は下ヒゲでキャッチ！　わたしラッキーガール♪

その後

1/12　3865円×100　買い増し
1/15　3895円×100　買い増し
1/17　3850円×100　買い増し
1/22　3810円×100　売り
　　　3815円×100　売り
1/31　3815円×100　売り
　　　3810円×100　売り

結果
マイナス9000円

6237 イワキ

東証1部

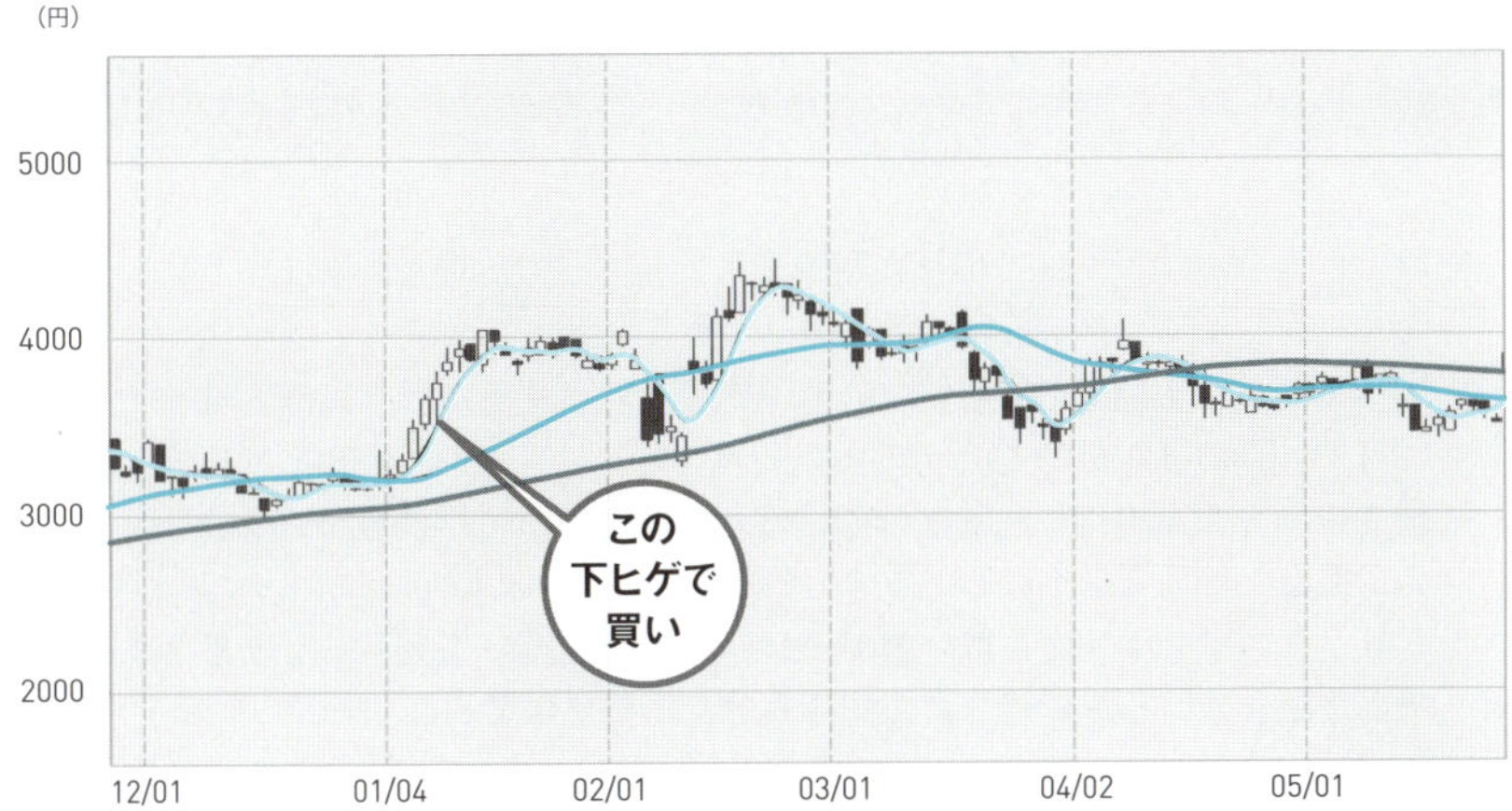

本日の格言

「相場の器用貧乏」

小手先を利かせて売買しても、目先の小さな利益は取れても、大きな成果は得られないという意味。イワキの場合も、買ったときは下ヒゲで指値で買えてラッキーっていかにもドヤ顔で書いてますが、結局負けてますから（泣）。

わたしは、株式投資だけでなく、人生そのものが器用貧乏で、適度になんでもできるんですけど、コレ！ってものがないんですね。株式投資も、ひとつの銘柄に対してじっくり取り組むということができれば、もっと大きな成果が出るんじゃないかと思います。

敗因

1月22日も1月31日も直近の安値を割ったところで売りました。このあと2月9日を底値にふたたび上昇。もう少し根気よく持っていれば利益が取れました。

ただ、それはあとから思うこと。直近の安値を割ったら売るというマイルールに従った自分を褒めてあげたい。

まだまだ上がると思いつつ、守りの売りを

1月
12日
(金)

昨日、横浜でワイン会社の社内研修をしたあと、なんとなくまっすぐ帰りたくなくて、タイミングよく捕まえることができた友人と飲みにいってしまいました。帰宅したのは深夜２時。ところがバックに入れたはずの家の鍵がない！
最後に家を出たのはわたしなので、持って出かけたのはまちがいないのですが、どこでなくしたかまったく記憶にございません。
５分くらいピンポンピンポンと鳴らし続け、娘に開けてもらった次第でございます。不良お母さんですみません。自己嫌悪〜。

新規

【マザーズ】
HANATOUR JAPAN

[6561]

2390円
2370円
2352円
2354円
×
各100
成り行き買い

これも最近のＩＰＯ銘柄。韓国に親会社があるインバウンド専門の旅行会社。なんでも日本で留学中にツアーガイドのバイトをしていたなんとかさんが、韓国の親会社にマルッと任されたとか。日本人が気付いてない韓国人・中国人が喜ぶ日本の名所をツアーに組み込むらしいですね。これはおもしろそう。昨日の上場来高値を抜いた長い陽線を見ての買いタイミングです。

その後

1/16　２３５０円×２００　指値買い増し
５日移動平均線に沿って上昇してますね。なるべく移動平均線から乖離しないうちに仕込みたい。

1/19　２６４５円×１００　指値買い増し
今日は上がりましたねー。昨日「長い上ヒゲが出たので、短期的には売りサインですか？」という質問があったのですが、警戒するほどヒゲが長くないと感じましたので、寄り付き前の板の状況を見て買いと判断しました。一般的には、急騰したときの長い上ヒゲでなおかつ陰線になった場合は、強烈な売りサインになります。

1/29　２８７４円×３００　成り行き売り　利確
直近３日間の安値で逆指値がささりました。一時的な調整

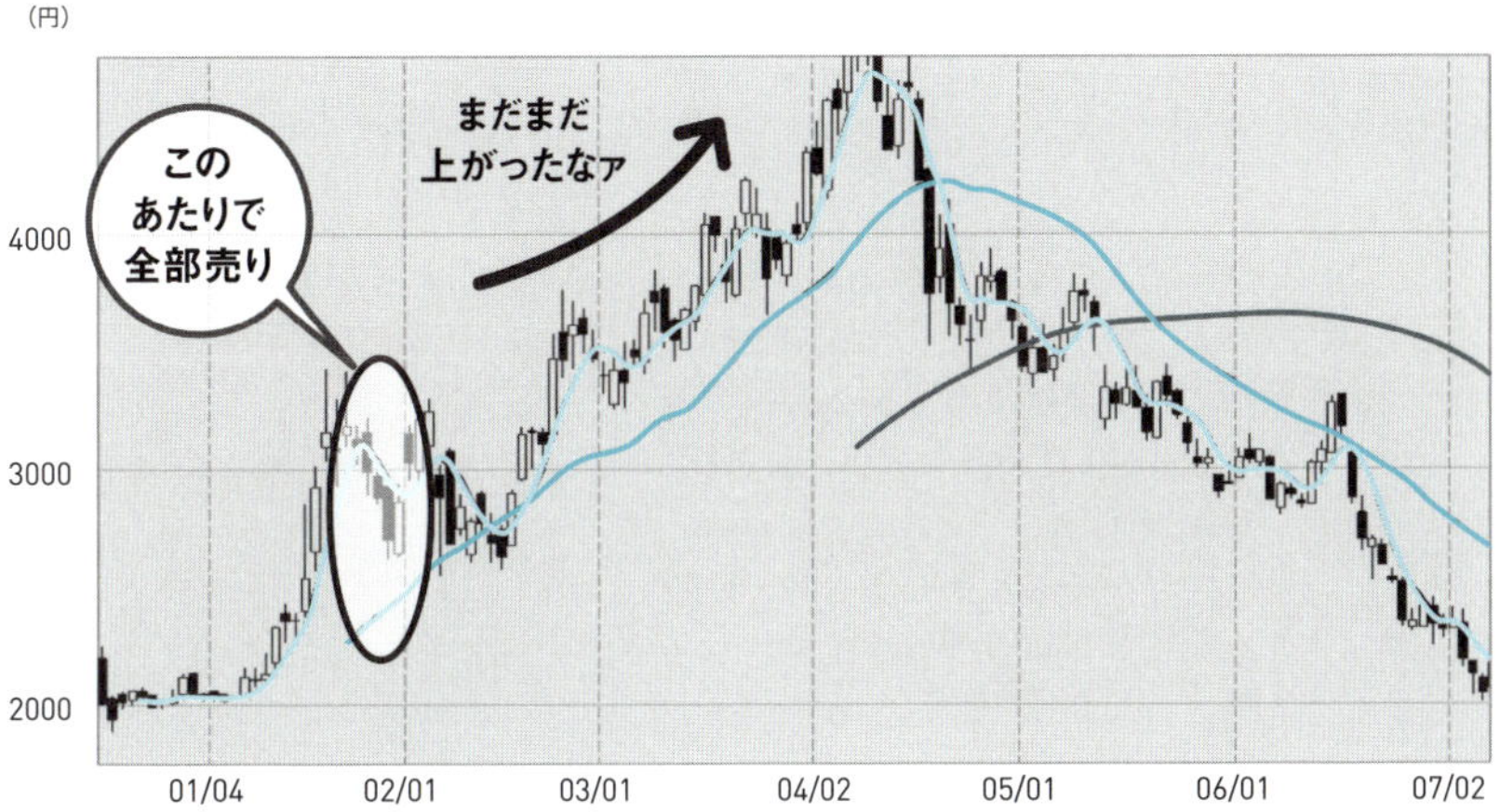

に入るかもしれません。

1/30　2730円×100
　　　2731円×200
　　　2728円×100　成り行き売り　利確

これは悩みました。再浮上する自信はありますが、5日移動平均線の上に株価が乗ってくるまで10%以上上がらないといけないので、その間待ってるのがもったいない。いったん売って、5日移動平均線の上に乗ってからもう一度買い直そうと思いました。今目の前にある利益を確実に取ることを優先。大事なのは損失を大きくしすぎないことです。

もし含み損がある人は、自分が決めた損切りルールをしっかり守ってください！　損切り上手は株上手！

結果

プラス57万9100円

勝因

上場直後からの上昇トレンドの初動で乗れたのがよかった。インバウンドというテーマで人気株となり、その後2か月で4900円まで上昇。その後、ずるずると下降トレンドへと転換してしまいました。2018年は、台風、北海道地震、関西空港の閉鎖など災害に苦しみました。これから日本が観光立国として確固たる地位を築いていけるなら、きっと復活してくれると信じています。

日経平均は上がってるのに、損切りいっぱい！

1月
15日
(月)

今年に入って、株価がグイグイ上がってますね。わたしの持ち株の評価益も膨らんできました。

が、これは絵に描いたお餅と同じで、確定してません。利確しないと意味がないのです。

とはいえ、勢いがあるときに売るのはむずかし――！こういうときは、利確よりも損切りのほうが気楽です。今日も損切りたくさんしましたよ！

新規

【東証1部】
カタス

［8919］
3085円
×
200
成り行き買い

地方の一軒家、マンションのリフォーム会社。

じつは実家に帰ったとき、近所で「ただいまリフォーム中」っていう看板を見つけたんです。リフォーム中にそんな看板普通立てないですよね？

姉に聞いたら最近よく見かけるとのこと。ニトリががっちり絡んでいて、年収300万程度の世帯が対象とのこと。

富裕層の投資物件と真逆にありますが、リアルなのはこちらかもと思い先週買ったレーサムから乗り換えです。上場間もないので値動きは荒くなるかもです。

その後

1/23　2990円×200　買い増し
1/25　3195円×100　買い増し
1/29　3140円×100　買い増し
2/6　2910円×300　売り
2/7　3250円×100　買い増し
2/14　2904円×100　売り
2/23　3260円×100　買い増し
2/27　3005円×100　買い増し
4/13　3460円×500　売り

8919　カチタス　東証1部

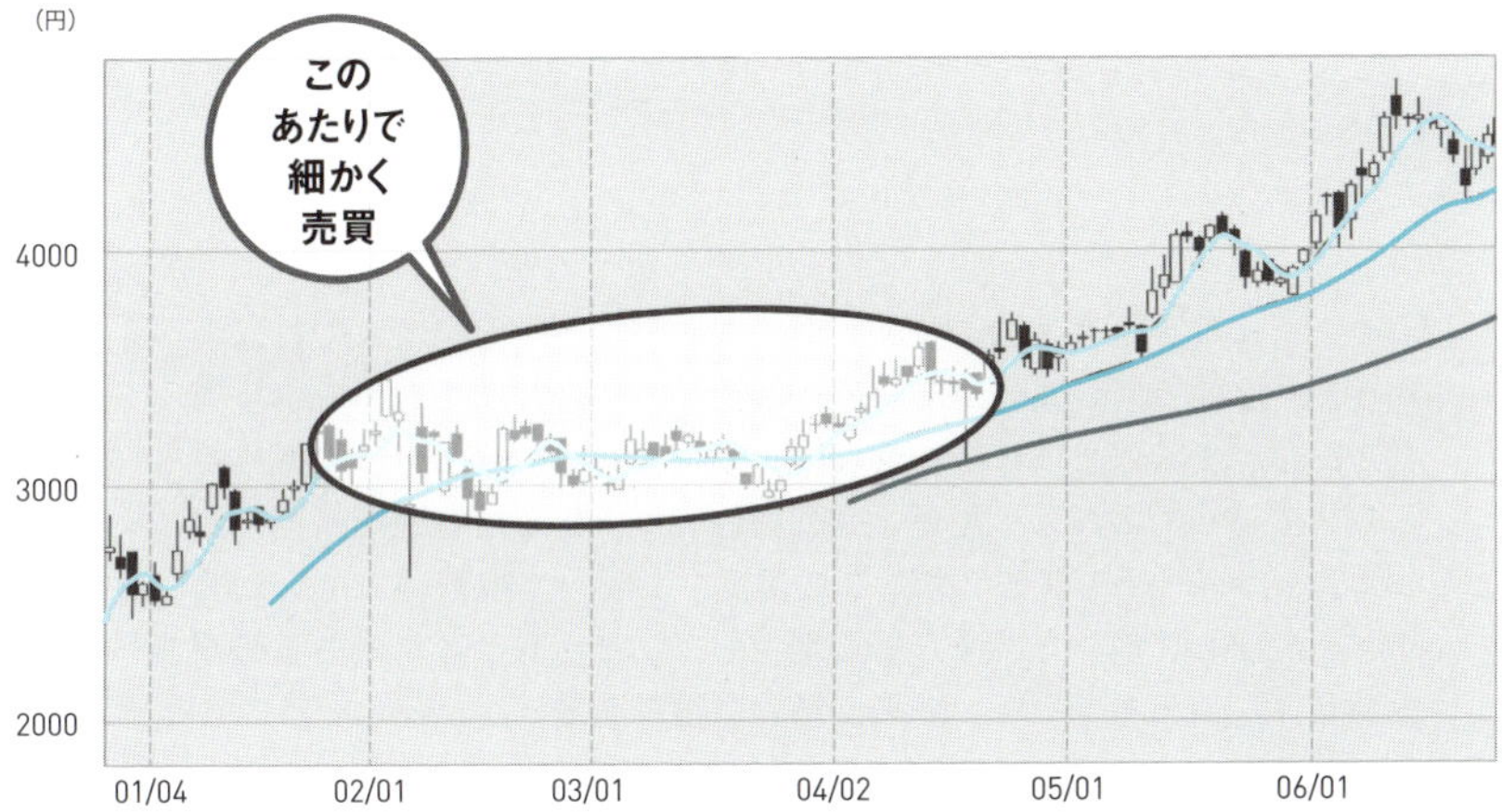

勝因

結果

プラス9万3400円

2月6日の暴落時に狼狽して半分売りましたが、その後また買い戻し、じっくり上昇を待ってから売却。とはいえ、その後6月には4700円を超えるところまで上がりましたので、まだまだ利益を伸ばせましたね。地方の空き家問題は、これからますます深刻化すると思いますので、じっくり長期で持つのもおもしろい銘柄だと思います。

付け足し情報

2018年は、スルガ銀行の不正融資事件を発端に、不動産会社の株価は軒並み低迷しました。金融機関からの融資が厳しくなり、ローンが組めなくなるので、物件が売れなくなるだろうという見立てからです。

カチタスもご多分にもれず株価はただ下がり。高値からざっくり半値くらいまで下がりました。ただ、カチタスは、いわゆる投資用物件を販売しているわけでなく、地方の空き家をリフォームして売るというまったく違ったビジネスモデルです。巻き込まれたとしかいいようがありません。というわけで、2019年に入ってからは、株価は順調に回復。引き続き業績も好調です。全体が下げたセクターだけに、逆にキラリと光る企業に見えますね。

よくわかんないのに遊びで買って火傷した!

1月
25日
（木）

コインチェックの件で被害にあった男性が「やっぱり貯金してればよかった」と言っていました。一方、わたしの株の師匠でもある小泉秀希さんは、1年以上前から仮想通貨について勉強しており、もちろんご本人も買っておりましたが「今回の件で、まだまだ勉強不足だと思った」とツイートしてました。この差ね。おそらく投資経験のない男性は、ラクして儲けられることを期待して、どんなリスクがあるのか勉強せずに買っちゃって、結果、思わぬ損失を被った。株も同じです。

新規

【マザーズ】
ナレッジスイート

［3999］

4180円
×
100
成り行き買い

ぜんぜん買いたいものが見つからないので、直近IPOを遊びで買ってみました。まだ四季報のデータがないのでほんとに海の物とも山の物ともつかないですが、会社のサイトをみると「脳の記憶補助装置を開発する会社」と書いてあります。なんかかっこいい～（↑いちばんダメな買いの理由）。

PERでは割高ですけど、チャートがわたし好みです。

底売って上昇トレンドに入ったかな？　というタイミング。

とりあえずIPO直後の高値5000円近辺を目標にします。

損切りは4000円割れ。

その後

1／26　4240円×200　買い増し
5日移動平均線がサポートラインになってますね。

2／2　3860円×100　成り行き売り
5日移動平均線に完全に抑えられてる感じ。
あと200株。安値を切り下げるようなら随時売ります。
ぜんぜんスイートじゃないな。

2／5　3735円×100　売り
3730円×100　売り
こちらもチャートが崩れたので撤退。

3999 ナレッジスイート マザーズ

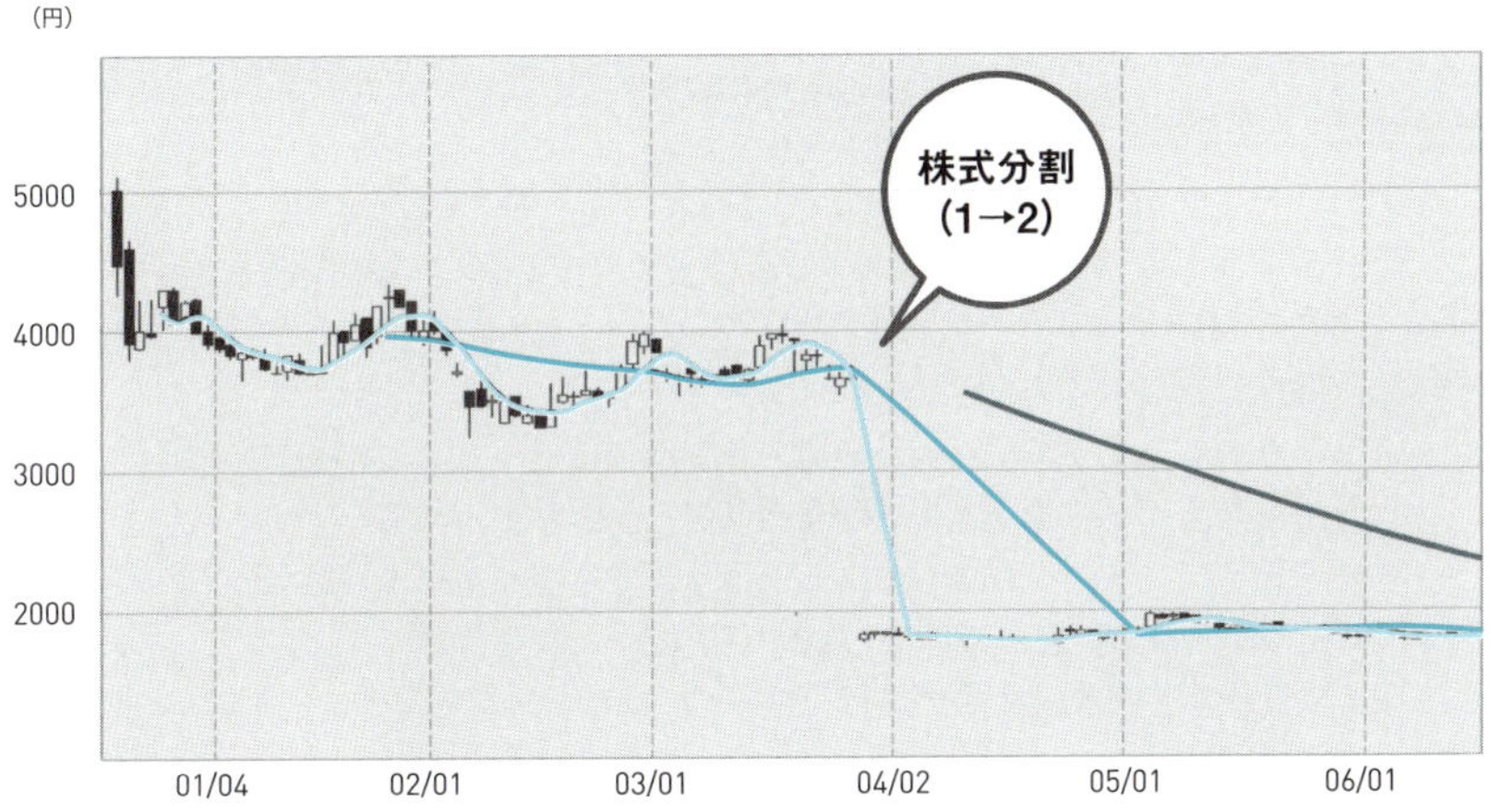

結果
マイナス13万3500円

敗因

そもそも買うものがないので遊びで買ったというのがダメです。遊びで13万円も損しちゃって、我ながら情けない。2月5日は市場全体が暴落してしまい、それに巻き込まれたのは仕方ないとしても、たいして思い入れないもので、無駄に損をしてしまうのは、ほんとにくやしい。
ほんとに欲しい、買いたいと思う銘柄じゃなければ買わないようにしようとつくづく思った銘柄でした。

本日のお言葉

おそらく今月は、保有株がマイナスになった人はたくさんいると思います。そんなとき「やらなきゃよかった」ではなく「こういう場合のためにはどうリスク管理しておくべきだったのか」もしくは「どう対処するべきか」と、考えることが大事だと思います。なぜならリスクを取らない人は、ぜったいリターンを得られないからです。

勝ったけど、手放すの早すぎ！　売却後3倍に！

1月
17日
（水）

今日でピラティスに通い始めて丸3年になります。自分の身体の動きに意識を集中することって、日常生活ではないですから、すごくいい気分転換になります。
相場が荒れてるときでも、ピラティスのクラスに行くと、だれも株のことなんて考えておらず「尾骨を巻き上げてー」とかやってるんですから。平和そのものです。株が気になってしょうがない、っていう日ほど、敢えてそういう環境に身を置くのがよいですね。冷静になれますよ。
あとピラティスのインストラクターさんて、ほんとスタイルがよいの。

新規

【マザーズ】
リンクバル

［6046］

3030円
×
100

成り行き買い

街コンのイベント会社。街コンは少子化対策として国も後押ししてますからテーマ的にもよいです。個人的にも興味ありあり。サイトを見たら2月3日に夜の水族館でイルカを見ながらの合コンイベントが開催予定だったので、応募するか！と思ったら、応募条件が20～36歳の独身女性でした。ほんとに出会いを求めてるのは、そこから一段上だっつーの！

それはさておき、株価は1か月くらい続いたもみ合いから本日うわっぱなれです。特別材料になるニュースが見当たらないのですが、業績がよいですから、決算発表にむけて期待が高まってるのかもしれません。2月3日が決算ですのでそれまでの短期戦と考えると、明日以降一気に仕込まねば。

その後

1／18　3100円×200　成り行き買い増し

今日のような荒い相場で上昇。なおかつ陽線で終わってますから強いのでは？

夜の水族館コンパは年齢制限がありましたが、もっと大人の会があれば参加してみようかな。

優待で合コン参加権とかないのか調べてみましたが（調べたんかいっ！）なかったです。自前で行くしかない。

6046　リンクバル　マザーズ

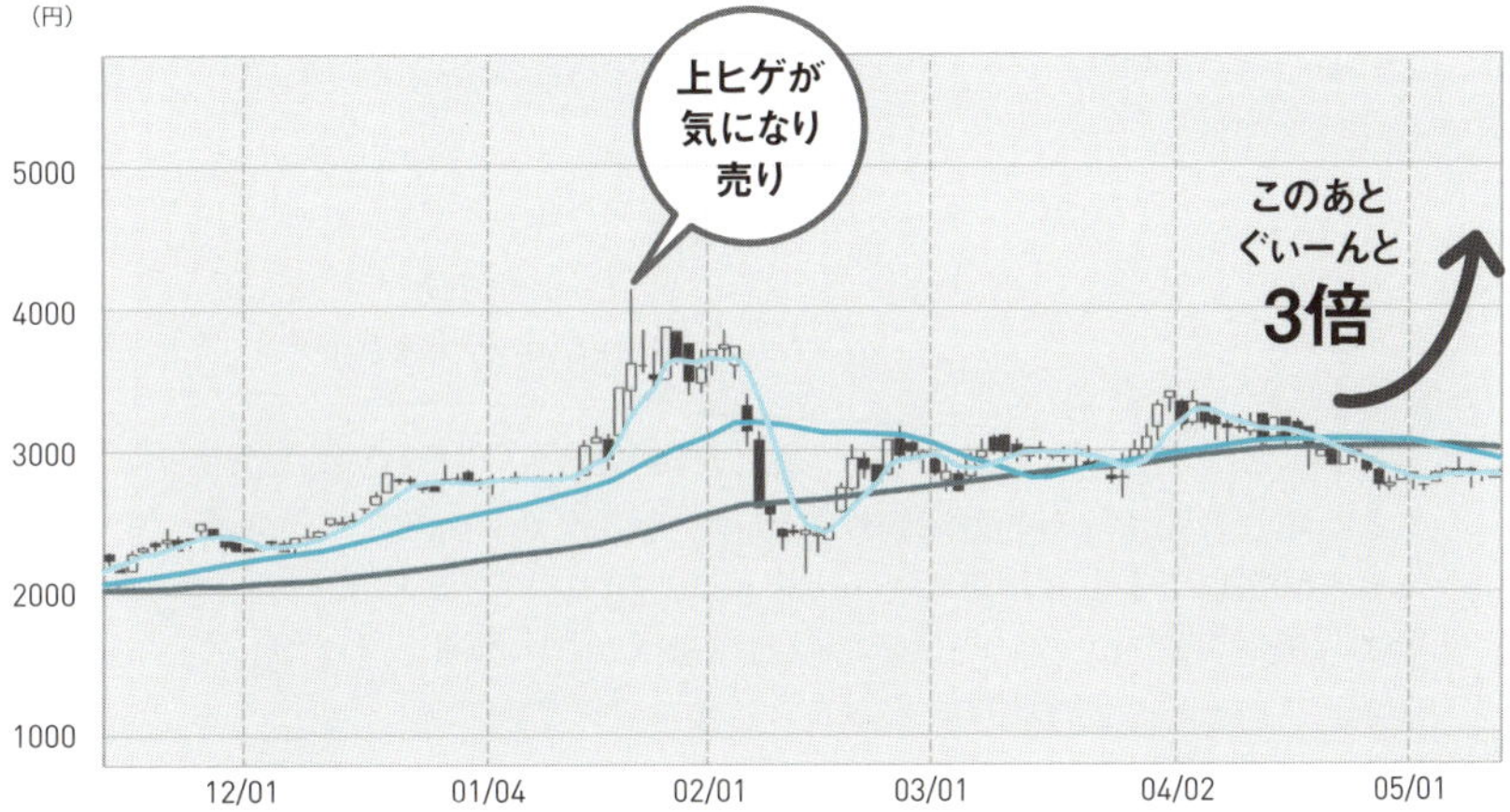

1/19　3080円×200　指値買い増し

寄り付き高いところで買っちゃったので、今日の下げで4%も評価損抱えてしまいました。なんやねん――！　エスクリといい、リンクバルといい、結婚関連銘柄とは相性が悪いな。一応、5日移動平均線まで買い戻されてるので、明日は上がってくれるんじゃないかと思ってます。

1/22　3440円×200　成り行き売り　利確

ストップ高きちゃったので、一部売りました。先週の金曜日の下げが逆に買いのはずみになりましたね。

1/23　3620円×100　成り行き売り　利確

ちょっと上ヒゲ長すぎー。出来高ともなっているので、しこりが残りそうです。

1/30　3485円×200　成り行き売り　利確

いったん利益確保。全株売却。

結果

プラス20万8000円

勝因

業務内容に非常に興味があり、調べるのが楽しかった。2018年1月ですべて売却してますが、その後12月にはそこから3倍まで上昇しましたので、手放すのが早すぎました。自分でイベントに参加してたら、自信をもってキープできたんじゃないかな。ただ、目のつけどころはよかった。もみ合いから上っぱなれた上昇トレンドの初動でタイミングよくインできたのも勝因。

1月
30日
(火)

2月の上げ下げに翻弄されて撤退

機嫌よくピラティスなんかやってたら、株が大きく下げててビックリしました。といっても、焼肉食べながらラジオで知ったので、そのまんまお肉焼いてましたけどね。
わたしの保有株も、つい先日までの含み益はどこへやら。マイ転してます。まあ、そういうのはよくあることなので大丈夫です。

新規

【東証2部】エスティック

[6161]

4345円×100

指値買い

ネジ締め機器大手。車用がメイン。車の構造が大きく変わる中で、ネジ締め機器の需要も旺盛なようです。昨日29日第3四半期決算があり、営業利益は通期予想を超えてます。
通期予想の業績修正はなしですが、期待大。目標株価は、ひとまず来季の予想PERで20倍の5400円。損切りは5日移動平均線を割ったらです。

その後

1/31　4400円×200　指値買い増し
こちらは5日移動平均線近辺で指値を出してました。というのもおそらく上にも下にも値幅が大きく動くと予想したので、下ヒゲで拾う作戦。
2/5　4600円×100　指値買い増し
長い下ヒゲ、売り急いだ人いますね。
2/6　4205円×200　売り
2/7　4560円×100　買い増し
2/22　4390円×100　売り
2/24　4395円×200　売り
グンゼを買ったので、引き換えにこちらを全株売却。週足ではぜんぜんトレンド崩れてないし、暴落時も13週割らなか

6161　エスティック　東証2部

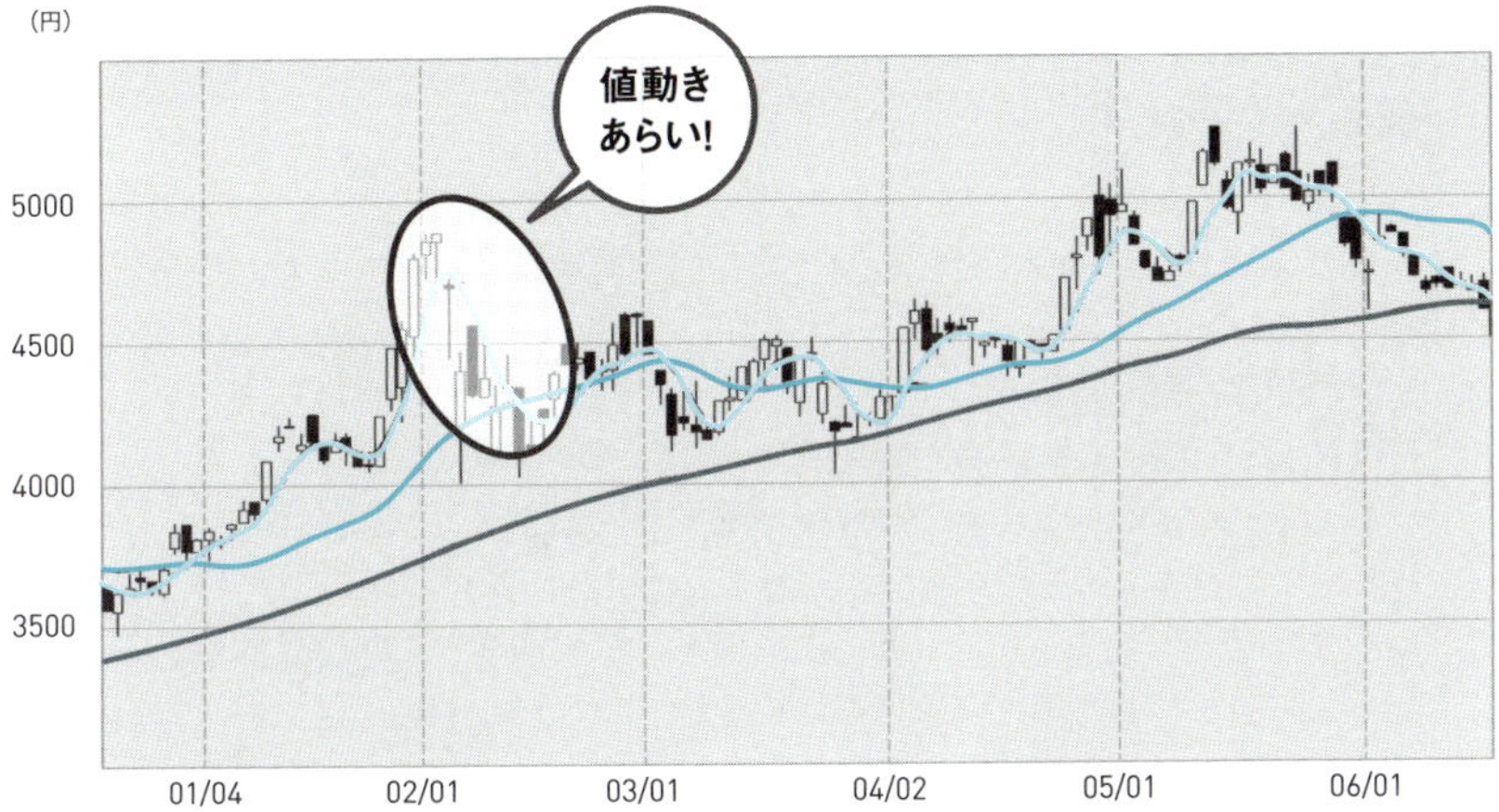

った強い株だけど、ポジションを大きくしたくないので、さようなら。

結果

マイナス7万1500円

敗因

2月の暴落に翻弄されて、値動きのあらさに耐えられず売ってしまいました。ここにも書いてあるように、週足ではこのあともキレイな上昇トレンドを継続。地味だけど、着実に成長している優良銘柄です。どこかでまた買い戻したいと思いつつ、タイミングを逃してしまいました。暴落時でも持ち続けられるほど、きちんと分析できてなかったということですね。

本日のQ&A

Q：藤川さんの売買を見ていますと、指値での売買と成行での売買がありますが、どういう使い分けをしているのでしょうか？

A：だいたい朝、寄付き前の板を見て、板が強い（買い注文がたくさん入っている）ときは成行注文することが多いです。板が薄いときは、買い注文のいちばん上の株価より少し下めで指値を入れることが多いかな。ぜったい買いたい、売りたいときはとにかく成り行き。買ったり売ったりの株価は自分が決める！という場合は、指値が一般的なセオリーです。

決算プレイが大成功！欲を出さずに即売りで

2月
14日
（水）

ハッピーバレンタイン！ていうか、残念ながら株は“あげ”ませんでしたね。

昨日と同様、寄り付きから上がって、下げに転じ、なおかつ今日はザラ場で日経平均2万1000円を割り込みました。マザーズ、ジャスダックもともにきっつい。銘柄のファンダメンタルズがどうのこうのという問題ではなく、売らないと死んじゃう人がいるんですよね。

現物株で余裕がある人なら、持ちこたえられるんですけど、信用取引をギリギリでやってる人は投げ売りするしかないですから。

新規

【ジャスダック】
ハーバー研究所

［4925］
5730円
×
100
成り行き買い

昨日の決算がすごくよかったですね。経常利益の進捗率が79・6％。だいたい通常50％くらいなので、ものすごくおおざっぱに計算して一株益500円くらいで着地するんじゃないかと。だとしたらPER15倍で6500円。昨日の終値5150円ですから、充分利益取れるとふんで勇気を出して寄り付き前に成り行き買い注文！

よくやった、わたし。ストップ高張り付きでヒケました。

その後

2/16　6750円×100 成り行き売り　利確！

目標6500円を超えたので潔く売却！

ここで欲を出したらあかん。

この相場でがんばった、わたし。

結果
プラス10万2000円

4925　ハーバー研究所　ジャスダック

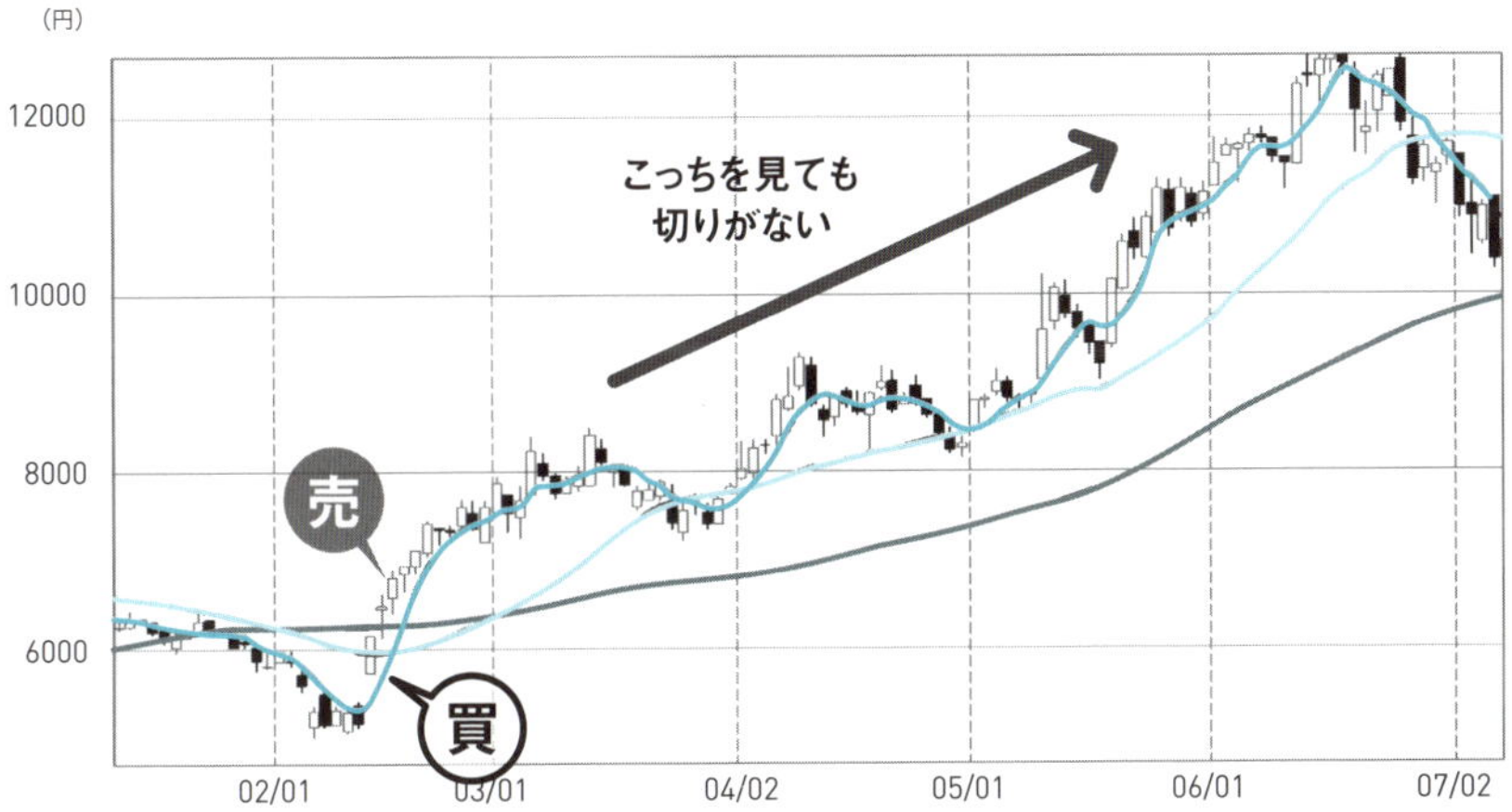

本日の
お言葉

連日、株価は下げてますけど、今日はひけにかけて、下げ幅縮小しましたので、昨日よりは気分はよくないですか？ん？　よくない。あ、そう。お金減るのつらいですもんね。わたしもつらいですよ。でも、死にませんから。

勝因

好決算で、自分なりに分析し、翌日成り行きで飛びつき買いできたのがよかった。決算翌日は、寄り付きが高くて、そのあと失速することも多いので、自信がないと成り行き買いはできません。化粧品という馴染みがある分野なので、それも自信がもてた要因です。ここでいったん売却しましたが、そのあとも何度か売買して利益を取った好相性銘柄。このあと、40代に一番人気！　というサプリを定期購買するように。こういうのは一度使い始めるとなかなかやめづらいですよねー。

ストップ高で飛びついて、寄り天！

2月
22日
（木）

今日も全体的に下がったけど、やっぱり個別のよいところは強かった印象。ここまで下げたら買い増したい、買いたいと思ってるものがぜんぜんささらず、むしろ上がっていきました。やっぱり個別相場ですね。さて、わたしの２月の損失ですが、残念ながらプラ転できず……。ざっくり70万円くらいのマイナスですね。（今確認したら66万円でした）でもほら、何度も言いますが、去年の４月のマイナスは140万ですから。投資額は去年の倍くらいで、損失は半分ならがんばったんじゃないの？　わたし。

新規

【ジャスダック】
仙波糖化工業

［2916］
750円
×
600
731円
×
100
成り行き買い

これね、来週月曜アップの四季報オンラインで書こうと思ってた銘柄。

で、今朝620円で指値注文出してて、昼休みにチラッとみたらストップ高になってる！　あれれれれー、どうしよう。

とりあえず成り行き注文出すかって出したらささったのはいいんだけど、その後失速。

こういうことがあるから、14時30分までは売買しないと決めてたのに――こころの罠に引っかかってしまいました。

結局700円で引けて、さっそくの評価損抱えてしまいました。くすん。

ほんと焦るとロクなことがないなー。みなさまはくれぐれも気をつけて。

ストップ高、焦るな！　目標株価900円、損切り640円。

その後
3／2　662円×700　逆指値売り　損切り
これについては反省しかありません……。
ストップ高には飛びつかない！　藤川覚えた。

結果
マイナス5万9700円

2916　仙波糖化工業　ジャスダック

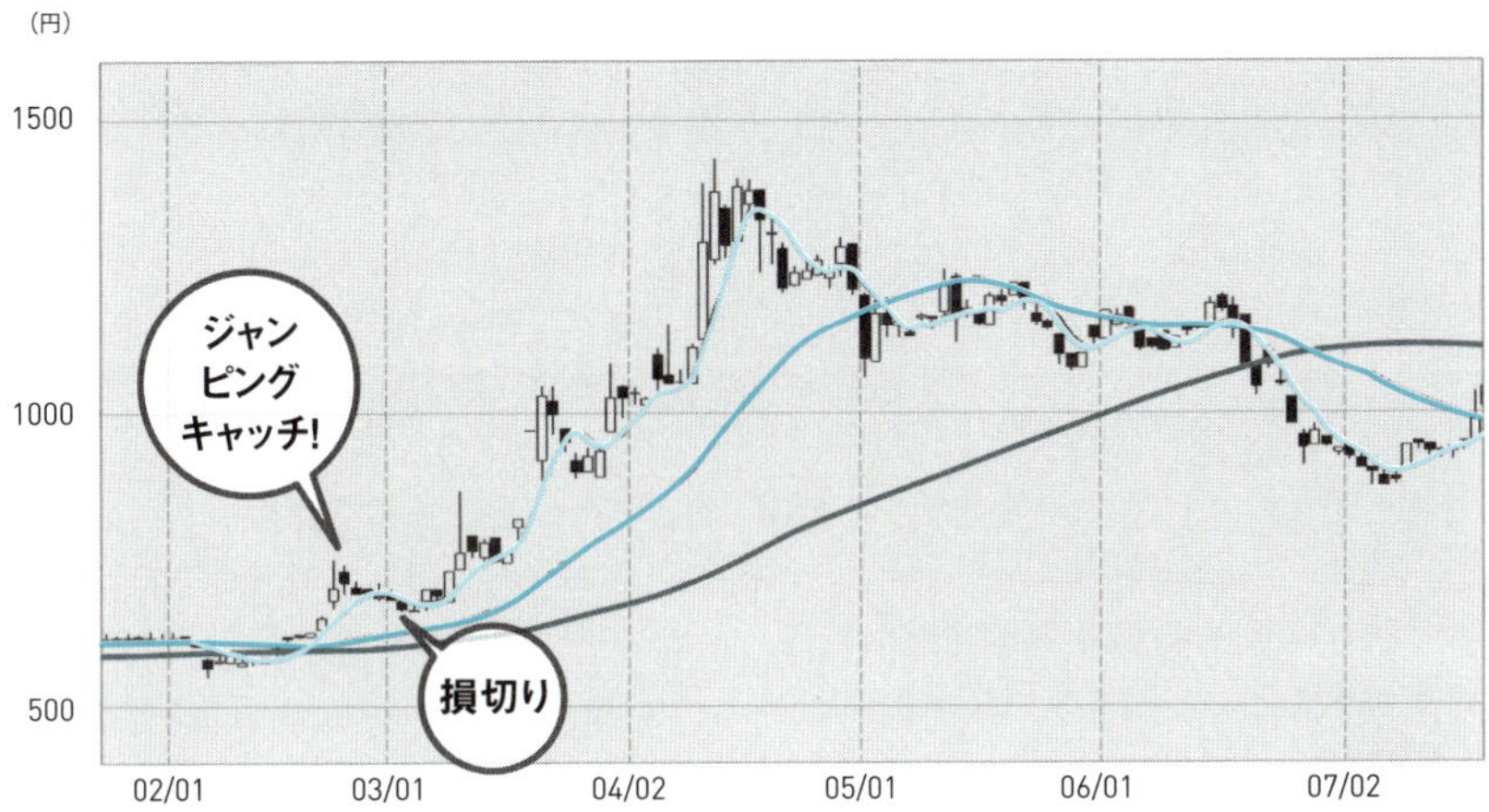

敗因

うーん、目の付け所は悪くなかったと思います。買うタイミングの問題。

じつはこのあと、4月までの1か月で株価が2倍になってます。

売ったあと、もう一度高値を超えたところで買い直せればよかったんですけどね。

心理的な抵抗が大きくて買えませんでした。

ストップ高で飛びついて、その日に評価損を抱えてしまったというネガティブな気持ちがあったので、その後の下げが余計につらかった。

感情に振り回されたのがいちばんの敗因です。ちなみに自分が買ったり売ったりした株価に影響されて、投資行動を起こせないのを行動経済学では、アンカリング効果というそうです。

本日の鼻ピク

1月2月を合わせると、平均で月の目標額は達成してます。

いいよいいよ、こんな感じでいきましょうよ。いい月もあれば悪い月もある。

COLUMN

負けないための売買ルールの考え方 その1

ポイント1　損切りする覚悟を決める

たいていの人は、お金を増やしたいと思って株式投資を始めると思いますが、残念ながら増えるばかりではなく、減ってしまうこともあります。そこで大事なのは、どこまで減るのは大丈夫か、自分のこころにしっかり確認し、その金額に達したら潔く損切りするという覚悟を決めることです。

ポイント2　損切りポイントの決め方

テクニカル的には、目安となる移動平均線を割れたら売るのがよいと思います。たとえば、13週移動平均線についたら跳ね返されるという動作を繰り返していたら、その移動平均線を明確に割ったら、それは強い売りのサインです。

とはいえ、初心者の方だとその判断がむずかしいことも。その場合は、いくら以上損したら耐えられないという金額を決めておき、その金額に達したときにかならず売ると決めましょう。

ポイント3　感情抜きで損切りするコツ

いくらまで下がったら売ろうと思っていても、実際にそうなったら損切りを躊躇してしまいます。もしくは、お仕事が終わって株価を見たら、すでに損切りポイントを割っていて、そうなるとかえって売りづらくなるというのもあります。

そこでオススメしたいのは、逆指値の自動売買注文です。いくらまで下がったら自動的に売り注文が発動されるという便利なしくみで、こちらの感情などお構いなし。ズルズルと損切りを引き延ばす悪癖が解消されます。

ポイント4　利確ポイントの決め方

わたしはふたつのポイントで利確ポイントを考えます。ひとつはチャートを見たときに節目になっている株価。わかりやすいのは直近の高値です。

もうひとつは、一株益の何倍と決めて計算した株価。通常は、一株益の15倍くらいが適正株価とされますが、業種によっても、個別の要因によっても変わってきますので、その辺りは自分の経験値で、この会社だったら一株益の何倍くらいが妥当かを考えて決めています。

第3章

わたし、一進一退です！

2018年4月〜6月

下げ止まりで買ったつもりが、その後もずるずる

4月
4日
（水）

さて、あまりアメリカの株価の動きと連動しなくなってきましたね。
個人的には歓迎してます。業績ありきで銘柄選びしやすいです。
2月から大きく下がってたもので、回復が遅れてた銘柄なんかもじわじわ上がってきてます。

新規

【東証1部】

ステップ

［9795］

1721円
×
200

成り行き買い

公立難関高に特化した学習塾。超優良銘柄ですが、2月から深く調整し、52週移動平均線で下げ止まり反転してきました。
安定感がある銘柄ですので、ゆっくりじわじわ上がってほしいですね。
目標株価は直近の高値2000円。損切りは52週移動平均線を割ったら、です。

その後

4/5　1742円×200　買い増し
4/6　1776円×100　買い増し
4/12　1714円×200　売り
チャートがねー。
5日移動平均線が下向きですもんね。
4/13　1710円×300　売り
すべて売却。上昇トレンドに転換できず押し戻された感じかな。
先週の力強い上昇はなんだったんだろ。

結果

マイナス1万4400円

9795　ステップ　東証1部

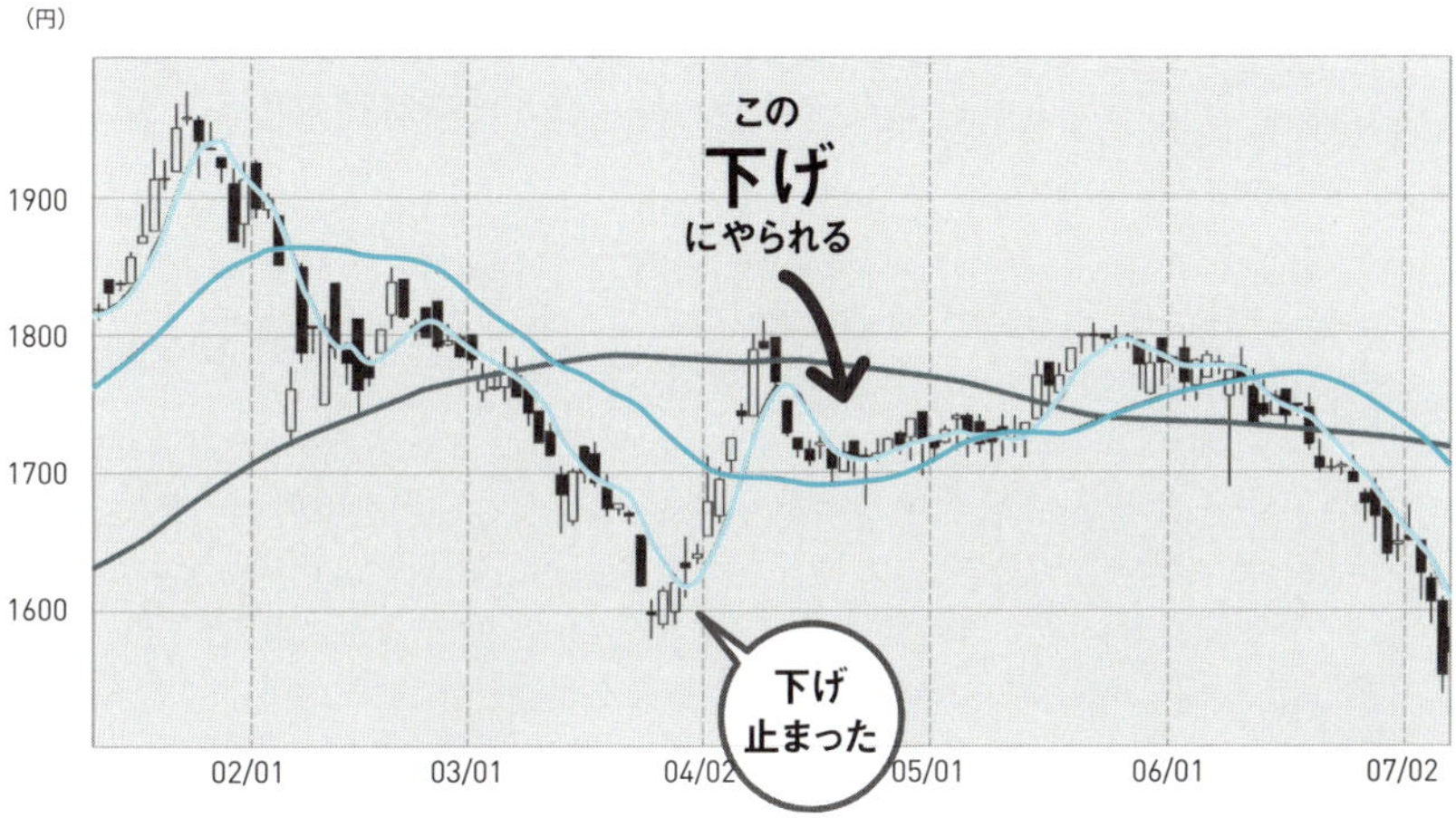

敗因

18年9月期の第1四半期決算が、1月30日に発表され、増収増益だったにもかかわらず、株価が大きく下落。2000円近くから1600円を割るところまで落ち込みました。

その後、3月末に底をつけ、そこからのリバウンド途中で購入。以前も売買したことある馴染みの株だったので、あまり深く考えずにチャートの形だけで買ってしまいましたが、それほど大きな増益ではない上、PERで考えても割安感はあまりないところで買ってしまいました。

その後、株価は伸び悩み、ずるずる下げたので、早めに撤退したのはよかったかも。

翌日のぼやき

むずかしい。ちょっと今日はほんとに悩んでしまいました。

というのも、ことごとくチャートがダマシの動きをすること。決算を控えて何を買っていけばよいかわからないこと。なんとなく市場の動きに不安を感じること。

とくにマザーズの下げがひどい。今までのやり方だと勝てないのかもしれません。

いったん銘柄を大きく整理して、あらためて決算シーズンを迎える準備をしようと思います。まぼろしの評価益はいずこへ……。

爆弾ハンバーグで被爆しました

4月
6日
（金）

今朝はせっかくアメリカがよいトスを投げてくれたのに、日本の相場が始まる前にMr.トランプが余計なツイートをしまして！　もうほんとアカウント凍結してほしい。

たぶんそれがなかったら今日は全体的にアゲアゲだったと思うなーと愚痴ったところで仕方ないですね。

今日初めて株を買った実姉は、700円の含み益が出てるそうで喜んでおります。自分で見つけた銘柄なので、自分の子どものように可愛いそうですよ。下がってきたら憎たらしくなりますけどね。

新規

【ジャスダック】
フライングガーデン
［3317］

2849円
2850円
×
各200
成り行き買い

爆弾ハンバーグ！　きたきた！　ずいぶん売り込まれてたけど、昨日3月の月次売上が発表され、見事に12か月連続既存店前年同期比増！　PERは今朝の時点で12倍台だったので寄り付き前から成り行き注文出しました。

本決算が出るまでにどこまで株価が回復できるかが勝負ですね。ひとまず4000円を目指します。損切りは5日移動平均線割れ。

3030円×100　成り行き買い増し。

高値から少し落ちてたので再度買い増し。

その後

4/13　売ろうかどうしようか悩んでるうちに3時になっちゃった。
悩んだ理由は、ここから売る人いるかな？　と思ったり。週末にもう1回よく考えます。

4/16　2645円×200　売り
約束通り、寄付き前に成り行き注文を出しました。同じお肉関係のブロンコビリーは急騰してるというのに、どした？　ここまで売られる理由はわからないけど、発行株数が少ないと上にも下にも極端な動きになりますね。
2537円×300　成り行き売り　損切り

3317　フライングガーデン　ジャスダック

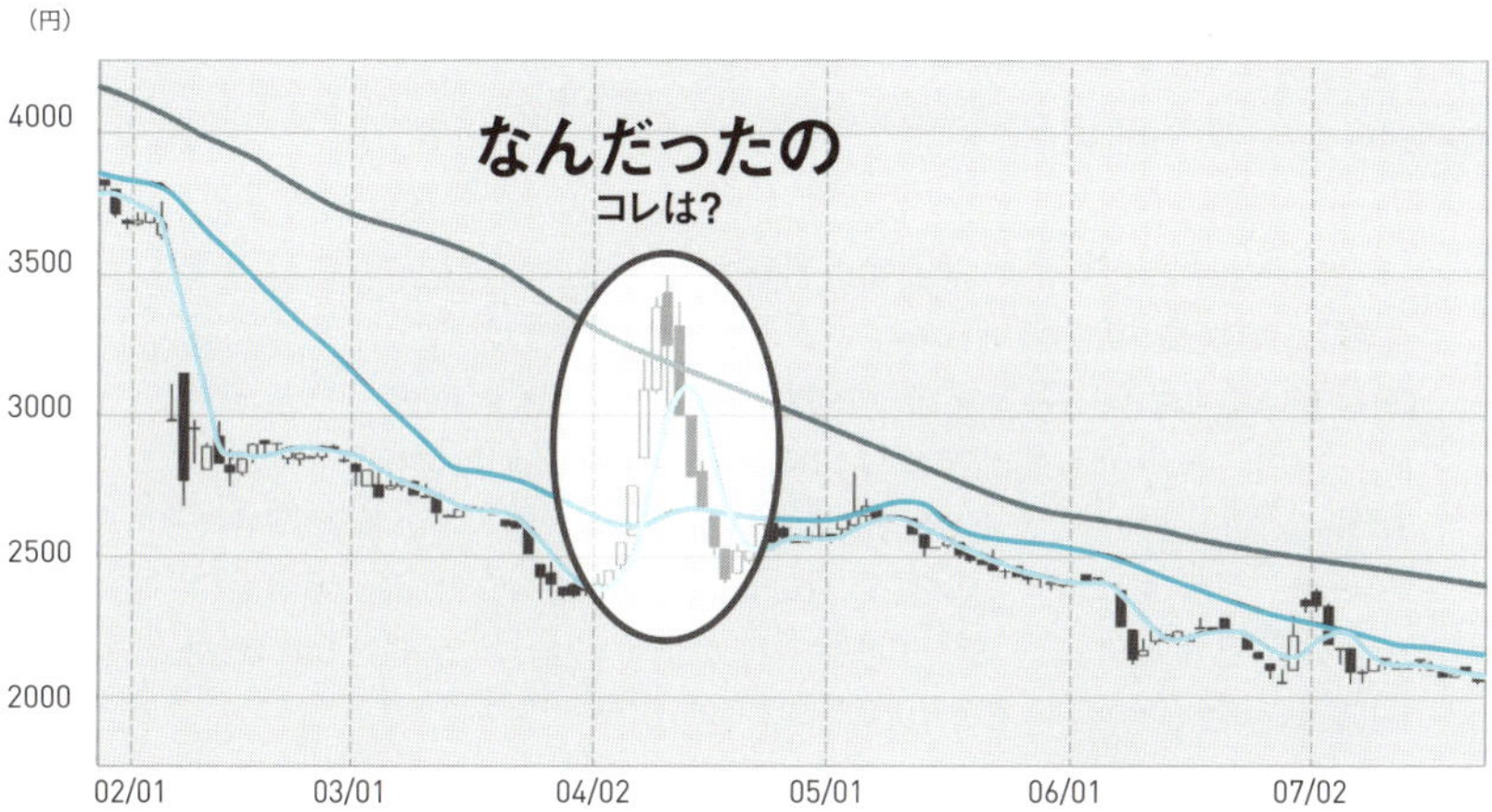

本日の格言

「相場は明日もある」

焦って買わなくても、相場は明日もあるのだから、じっくり考えてからでいいよ、という意味。材料が出たらすぐ飛びついて、それが高値ということはよくあります。すぐ買いたい！　と思ったときこそ思い出したいお言葉。

敗因

典型的な急騰&急落銘柄でした。最初に買ったタイミングが、すでに5日連騰したあとで遅かったこと。さらにその後の急落で、売るタイミングが遅れてしまったこと。長めの陰線が2本出たところで売れていれば、もう少しダメージは少なくすんだと反省してます。

テレビで爆弾ハンバークが紹介されたりと、いっときは流行ったようですが持続性がありませんでした。その後、業績も低調で、1年以上たった時点でも、株価は回復できていません。飲食は参入障壁が低いので、持続的に成長するのがむずかしいですね。

結果

マイナス15万2700円

全株売却。損切り上手〜。

トリプルボトムで買いのサインか!?

4月9日(月)

なんだかよくわかんないけど強い相場でしたね。雇用統計は、10.3万人増と予想値よりも悪かったですが、前月と平均したら20万人増を達成しているということであまりネガティブには取られなかったようです。ただ、米中貿易問題懸念で、NYダウが500ドル以上も下げてましたから、今朝のモーサテのAI予想は大雨でしたよね。で、実際開けてみると、それほど売り込まれることなく後場にかけて上昇。個別もいいものが目立ちました（おもに買ってないやつな）。作戦としては個別の強い株に乗っていくというのがよいのかなと思います。

新規

【東証1部】

スターゼン

［8043］

5550円×100

成り行き買い

今、株の授業でテクニカル分析をやってるので、その影響もあってチャートの形で飛びついちゃうんだけど、日足で見て、トリプルボトムのネックラインを超えてきました。

PER11倍まで下がってきてますし、上昇トレンドに転換したんじゃないかなー。

目標はひとまず節目の6000円。そこを超えたら通期予想でPER13倍の6600円あたり。損切りは5日移動平均線割れ。

5620円×100　成り行き買い増し

いい感じで上がってるので追加。

その後

4/26　5510円×100　売り

チャートがあまりよくないので。

5/8　5580円×100　売り

昨日、上方修正が出たので上がったところで売りました。また決算発表がよければ考えます。

結果

マイナス8000円

8043	スターゼン	東証1部

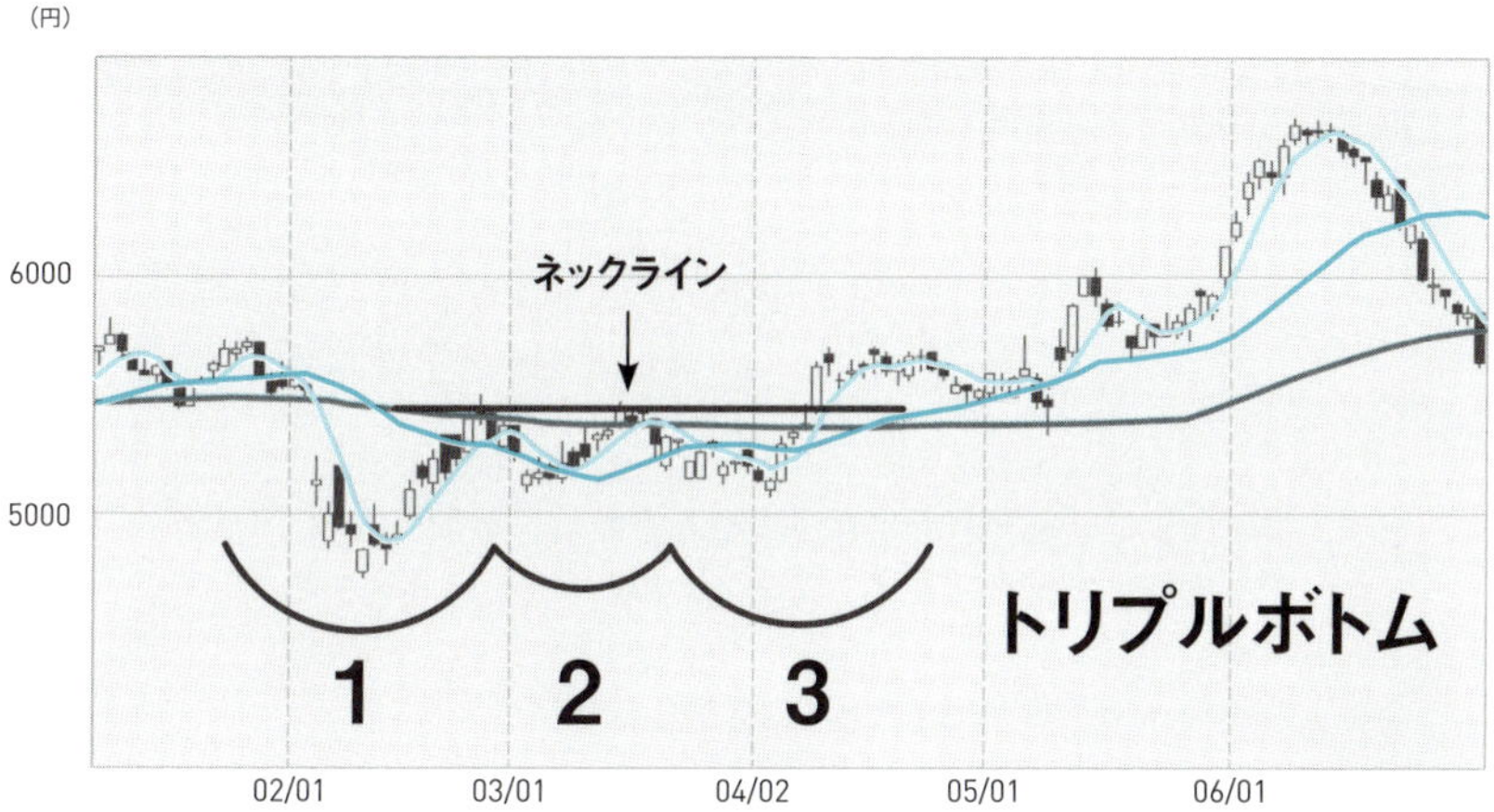

敗因

買った直後の株価がじりじり下げるというイヤな展開で、一瞬、大きく下げたあとの上方修正で窓空け急騰したところで売却してます。一回、評価損が大きくなってただけに、株価が戻ってきたときにすぐ手放してしまうというよくありがちな心理状態です。その後、6600円以上に上昇したので、慌てて売らなければよかったな。利益を伸ばせなかったのが敗因です。

決算
よもやま話

金曜に決算発表だったリヒトラブが売り込まれましたね。原因は、今期予想値がわずかに減益だったこと。

とはいえ、18・2月期は、会社予想を上振れて着地してますし、この会社、予想を控えめに出す傾向にあるので、ある程度下げ止まったらまたチャンスがあるんじゃないかと思ってます。

しかしやっぱり決算怖いですね。ここまでのリヒトラブのファンダメンタルズな状況からはネガティブな情報はなかったですし、今期予想を減益で出してくると予想するのはむずかしいと思います。となると、ヒントはチャートの崩れですよね。チャートが先に何かを織り込むことはよくあります。

チャートにだまされ、チャートに救われる。

演歌っぽいな。

4月
10日
(火)

地元愛で買ってみたもののリサーチ不足で撤退

さてさて、今日は日経平均株価はまあまあ上がってましたので、
わたしの保有株もさぞや上がってるのかと思いきや、
下がってるやーん！
前場よりかなり評価益が減っておりました。くすん。

新規

フジ

【東証1部】

［8278］

2450円×200
指値買い

昨日発表された決算で、今期の営業利益予想が18・8％増で本日は窓をあけて上昇。

フジはわたしが子どもの頃から通っている地元四国のスーパーで、先日実家に通ったときに、ずいぶん洗練されていて驚きました。

日足でダブルボトムのネックラインを超えてきたように見えます。

ひとまず目標株価は3000円。損切りは5日移動平均線割れ。

2441円×200　成り行き買い増し

その後

4／11　えっと——、なんでこんなに下がったの？　ちょっと意味不明です。
今まで買われてた株が一気に売られてる感じがしますね。逆に、昨日わたしが売ったカチタスが3％以上も上がってるのなんで？？　なんか神さまのご機嫌を損なうことがあったんでしょうか？　とりあえず今日みたいに個別要因でなく相場の雰囲気でやられてるときは、移動平均線の向きを判断基準に売りました。つらかった。
2400円×200　指値買い増し

5／2　2356円×300　売り
日足チャートがくずれてきたので。

8278　フジ

東証1部

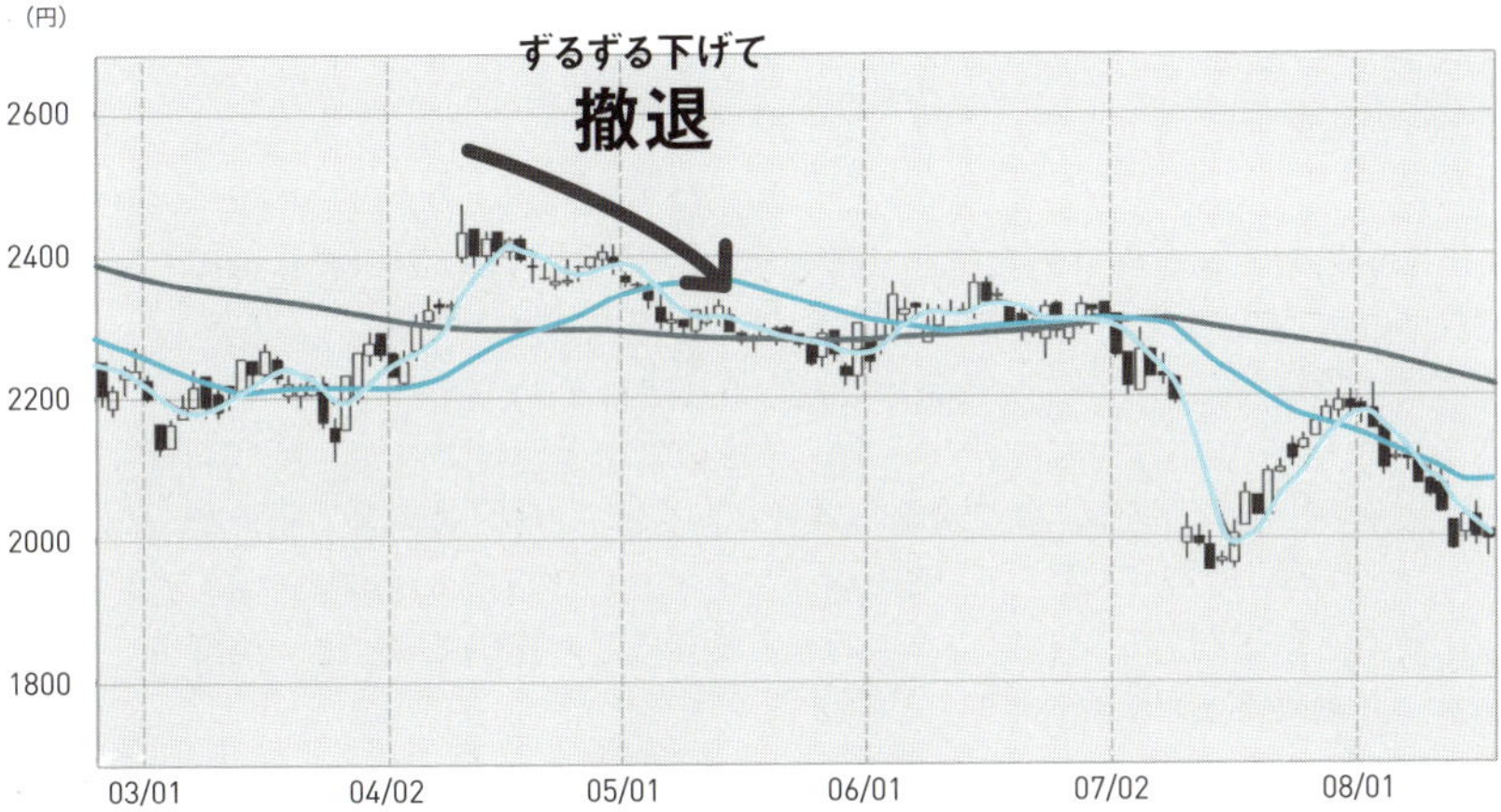

結果

5／7　今日もやはり、週末の決算銘柄が動きましたね。日本ライフラインなんて大きく売られて、そんなに??って思いますが、期待値が高いと売り込まれますね。

今週は決算たくさん出るので、何を売って何を買うか、GWボケを早めに振り払って取り組まないとです。

2340円×300　成り行き売り　損切り

需給が悪いですね。25日移動平均線も割ってしまったので全株売却。

マイナス4万9400円

敗因

新規で買った2018年4月10日が高値で、そこから現在（2019年4月）まで高値を超えていません。そういう意味では、早めに損切りしたのはよかった。

昔よく通っていたスーパーなので馴染みはありますが、大人になった今では、年に一度、帰省時に寄るくらいなので、リサーチ不足だったかな。

地盤とする愛媛は、人口が20年後には2割減ると予想されていて、先行きの不安があります。2018年10月には、イオンとの業務提携が発表されました。ドラッグストア同様、スーパーも大型再編が進んでいますので、勝ち組、負け組がはっきりと分かれそうです。

マッチングアプリにみずから登録

4月
23日
(月)

本日もわたしの保有株は鳴かず飛ばずでございました。日本株全体があまり方向感なかったですね。GW前なので、あまりポジション持ちたくないでしょうから、今週はこんな感じでしょうか。
残念ながら4月はマイナスでした。今年の累積は黒字ですが、通期利益目標に対する進捗率が悪化しておりますね。2月の暴落と、今月の小型株の下げが原因です。振り返ってみると4月9日までは非常によく、そのときに利確してればなー。あー、まぼろしの評価益よ。と、愚痴っても仕方ありません。

新規

【東証1部】
ネットマーケティング

[6175]

720円
×
600

指値買い

この銘柄については、本日アップされた四季報オンラインに記事を書きましたのでよかったら見てください。https://shikiho.jp/tk/news/articles/0/217624

記事に書いたこともあって、試しに買ってみたけど、信用倍率が高いので上値は重いかもですね。直近の安値が676円なのでそれを割ったら損切り。

目標株価はどうしよう。チャートだとあまり節目がないんだよなー。遠いところだと上場来高値の1100円を目指したいけど、遠すぎるのでまずは850円にしよう（適当だな、おい）。

その後

765円×400　成り行き　買い増し

4/27　841円×1000　成り行き　売り

目標株価850円に近づいたところで全株利確。1週間で15%ほど取れたので上出来です。

決算シーズンじゃなければキープしたんですが、これから続々出てくることを考えると、ほかに資金が移動するかもという懸念と、週足で見ると26週移動平均線に頭をおさえられてる感じがするので。またどっかで買いますよ。

マッチングアプリはこれからもっともっと拡がりますから

郵便はがき

料金受取人払郵便

牛込局承認

5559

差出有効期間
2019年12月
7日まで
切手はいりません

162-8790

東京都新宿区矢来町114番地
神楽坂高橋ビル5F

株式会社ビジネス社

愛読者係 行

ご住所 〒 TEL: ( ) FAX: ( )			
フリガナ お名前		年齢	性別 男・女
ご職業	メールアドレスまたはFAX メールまたはFAXによる新刊案内をご希望の方は、ご記入下さい。		
お買い上げ日・書店名 年 月 日	市区 町村		書店

ご購読ありがとうございました。今後の出版企画の参考に
致したいと存じますので、ぜひご意見をお聞かせください。

書籍名

お買い求めの動機

1　書店で見て　　2　新聞広告（紙名　　　　　　　　）

3　書評・新刊紹介（掲載紙名　　　　　　　　）

4　知人・同僚のすすめ　　5　上司、先生のすすめ　　6　その他

本書の装幀（カバー），デザインなどに関するご感想

1　洒落ていた　　2　めだっていた　　3　タイトルがよい

4　まあまあ　　5　よくない　　6　その他(　　　　　　　　)

本書の定価についてご意見をお聞かせください

1　高い　　2　安い　　3　手ごろ　　4　その他(　　　　　　　　)

本書についてご意見をお聞かせください

どんな出版をご希望ですか（著者、テーマなど）

6175　ネットマーケティング　東証1部

結果

プラス10万3000円

（実体験済み）。

勝因

ちょうどこの時期、周りでマッチングアプリを使っている人が意外にたくさんいるというのを知って、自分でも登録してみました。実際使ってみると、うまく課金される仕組みができているし、けっこう楽しくて利用者が増えているのも納得。

1週間で10%利益を取れたところで、欲を出さずにきっぱり売ったのはよかったです。

この直後に、フェイスブックが同様の出会い機能導入と報道され急落。巻き込まれずにすみました。ちなみに運命の人とは出会えませんでした。

本日の教訓

「売りは早かれ買いは遅かれ」

買いのチャンスはたびたびやって来ますが、売りのチャンスは一瞬で去っていきます。利が乗っているともっと上がるかもと欲が出ますが、ササッと売って目の前の利益を自分のものとすることも大事です。逆に、買いのタイミングはじっくり待ったほうが、安く買えることが多いもの。買い場はいくらでもありますので、悠然と構えて待ちましょう。

立会外分売で当選！底値圏で買えました

4月
24日
（火）

さて、今朝は起きてびっくり！　ドル円が108.70円になってて、思わず二度見しました。
これは意外でしたよね。うれしいサプライズでした。
（※107円台後半でしばらく動かなかったドル円が、この日以降急激にドル高に。5月21日には111.39円まで上昇しました。日経平均株価も、ドル高進行のこの期間はわりと順調。今思い返せば、2018年度の中ではほんのわずかな幸せな時間でした）。

新規

【マザーズ】
GameWith
［6552］
1362円
×
100
立会外分売

これは立会外分売で1000株申し込んで100株だけ抽選で買うことができました。チャートは底値圏なので、下がるリスクは低いです。業績は悪くないですしね。立会外分売の目的は、東証1部への市場替えを睨んでとのこと。それが決まればまた一段上昇を望めますから、少しずつ仕込んでいきたいところ。
今日は出来高をともなった大きな陽線なので、ここから反転して上がる可能性が高そうです。

その後

4／25　1525円×400　指値買い増し
いい感じで上がってますね。5日、25日移動平均線ともに上を向いてきましたので、このあとゴールデンクロスを形成してほしいところ。ひとまず1800円を目指します。

4／26　1565円×200　指値買い増し
あれ？　今日5％も下がったのね。ほかの決算よいやつに資金が移動するパターンかな。

4／27　1525円×200　指値買い増し

5／15　1604円×100　成り行き買い増し
5日移動平均線に沿ってるので、少しずつ買い溜めて、2400円まで育てようかと。

6552　GameWith　マザーズ

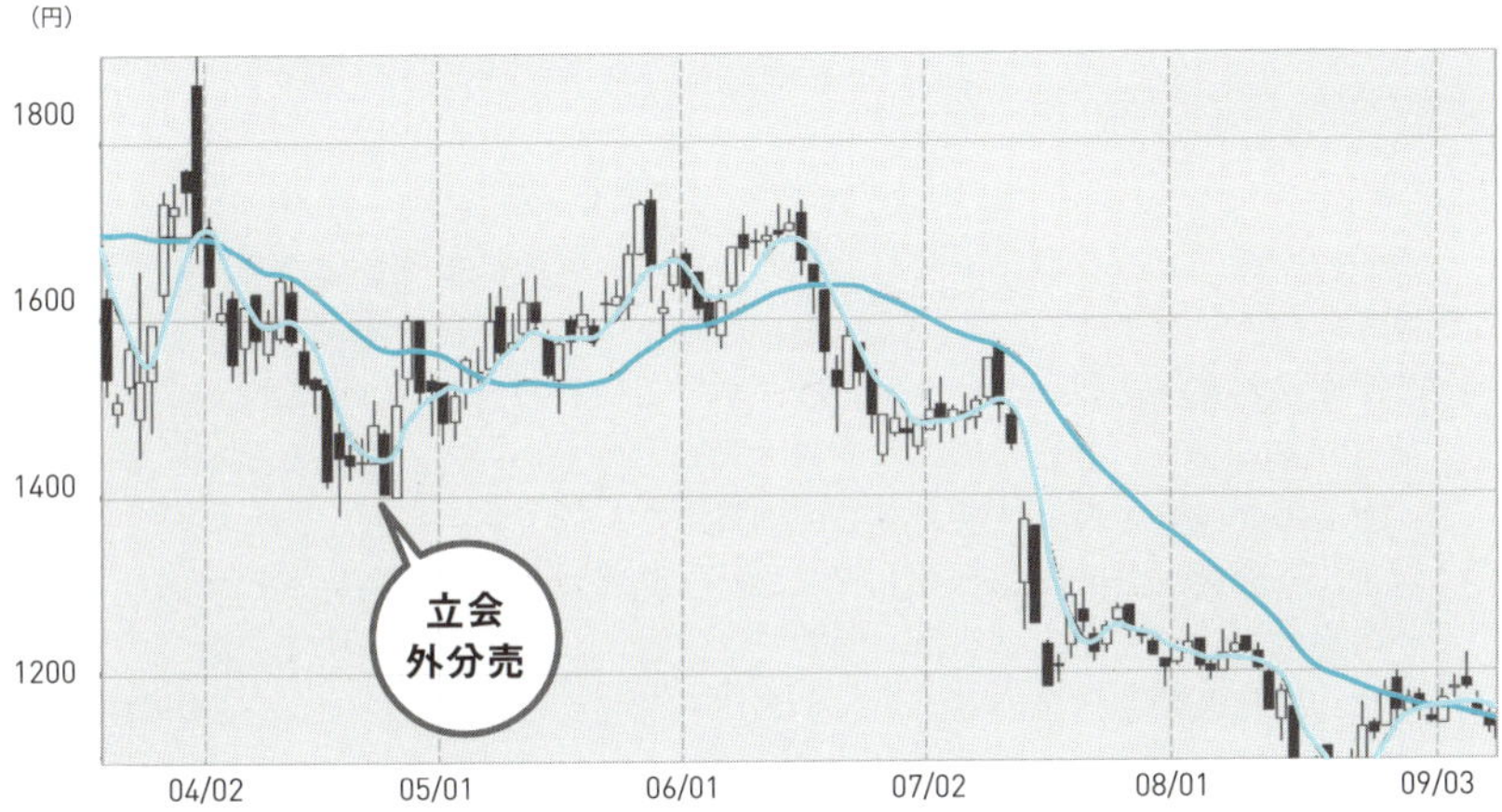

結果

6/20　1495円×500　成り行き売り　損切り

こちらも昨日の安値を割ったので売り。残り500株。つい最近まで20%近く評価益が乗っていたのがウソのよう。目標株価までもう少しというところでドスンドスンと落ちました。

6/21　1581円×500　成り行き売り　利確

いわゆる下降トレンドの押し目売りです。これで全株売却。

プラス1万3400円

めずらしく立会外分売からスタート。立会外分売の理由は「市場第1部への市場変更における形式要件である流通株式比率の充足を図るために行うものであります」とのことでした。東証1部への市場替えとなると、機関投資家が買いやすくなったり、企業の信用度が高まったりしますので、株価は上昇しやすくなります。その先回りをねらって、立会外分売の発表があると株価が上昇するということが、2018年はよくありました。この場合は、実際に立会外分売が行われた日ですが、株価がかなり低位置にあったので下がるリスクは少なかったと思います。そこからの上昇トレンドには乗れたのですが、売りタイミングが少し遅かったので、利益が少なくなりました。

オリンピックに向けて、スポーツ関連銘柄よ、来い！

5月
10日
（木）

今日は、東京ビッグサイトで行われているAI・業務自動化展に行ってきました。AIとかRPAとか、四季報にもたくさん出てくるキーワードですが、具体的にはどういう風にビジネスで使われるのか、どんな可能性があるのか、というのはなかなかわかりづらいもの。なんかヒントがあるかなーと思い、雷が鳴る中、行ったわけです。結果、思った以上に、業務の自動化は進化してました。経理業務なんかは、今後オール自動化されるでしょうね。日本では労働人口が減少するので、業務の自動化＆効率化は必須です。いろいろ勉強になりました。

新規

美津濃【東証1部】

［8022］

4020円×200
成り行き買い

寄付き前に成り行きで300株買い注文を出してたのだけど、板があまり強くなかったのでいったん取り消したら、寄付きがほぼ今日の安値でした。

寄付き天井が怖くて、どうしても手を出しづらいんですけど、こういうのは買っておけばよかったなーと思います。

美津濃はご存知、MIZUNOです。スポーツ関連、総じて調子いいですね。4月18日に18・3期の上方修正を出して上昇しましたが、今期19・3期の予想利益も二桁の増益で4月19日の高値を軽々超えてきました。営業利益がどうしてこんなに伸びてるのか、PLを見る限りでは仕入れコストの低減が大きいみたいです。よっぽど企業努力したんですかねー。

その後

5/11　4020円×100　買い
5/14　4060円×100　買い
今日は株価位置を維持してますのでよいと思います。
5/22　4060円×100　売り
ちょっとポジション減らし。ほかに買いたいものがある。
6/14　4155円×100　買い増し
7/4　3910円×100　売り

8022 美津濃 東証1部

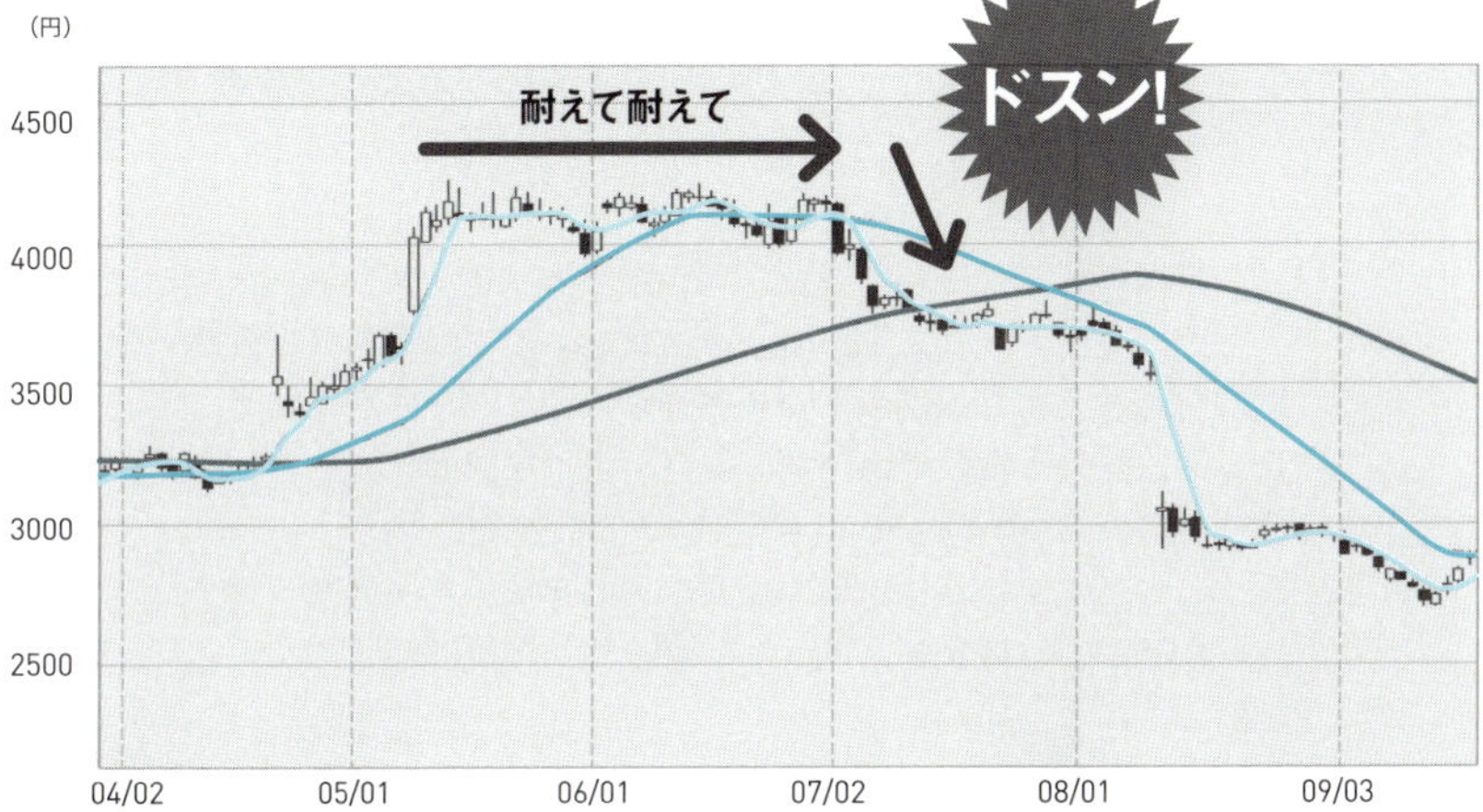

結果

7/5
3800円×100 売り
3770円×200 売り

マイナス9万6500円

敗因

相場全体が大きく下がったのに引きずられたのもありますが、損切りを先延ばしにして、ダメージを大きくしてしまいました。ただし、その後8月9日に発表された19・3第1四半期決算が、大幅減益で株価は窓をあけて急落。その後2500円辺りまで下落しましたので、その前に手放せたのはよし。小売業者は、好調に見えていても、急激に悪化することがあるので怖いです。こまめに実店舗などを観察するようにしたいですね。

本日のQ&A

Q：株式投資がうまくいかず、初期投資金額を割ってしまっても（元本割れ）株の世界から退場せずに投資し続けた方がいいのでしょうか。

A：うまくいかないときは無理に投資せず、知識をつけることに徹したほうがよいと思います。とくに自分がむずかしいと感じる相場ならなおさら無理する必要はないですよ。休むも相場。これは！　と思うときだけ参戦しましょう。

1週間でサクッと利確、気持ちいい!

5月
14日
(月)

今日は、金曜日に決算発表した銘柄が値上がり率、値下がり率、ともに占領してますね。全体ではそれほど材料がないので、個別の業績相場がしばらく続きそうです。決算直後の株価の動きは、初動だけでは当てにならず、その後も要チェック。案外、遅れて買われるものもありますので、その辺りを拾えると火傷しないですみますよ。

その中で、わかりやすい銘柄に買い注文を入れましたが、わかりやすいだけになかなか寄り付かず、ストップ高。ひと銘柄は結局買えずに終わりました。

新規

オロ【東証1部】

[3983]

2650円
×
200

成り行き買い

こちらは金曜日の場中に第1四半期決算発表をしてストップ高になり、今日も買われましたね。

経常利益の通期予想に対する進捗率が36％とかなり好調。第2四半期決算発表のタイミングで上方修正期待できそう。ERPソフトを提供する会社。

このERPというのも、最近よく聞きますね。会社の経営システムを一元管理できるソフトで、それをクラウド管理するものが増えてるようです。

上場来高値を抜けてきたし、PERでも計算しづらい。ボリンジャーバンドで2σ～3σの間にいる間は持つことにしよう。

結果 ▶ プラス7万6691円

その後

5/15　2821円×200　買い
5/22　2940円×400　売り
現金比率を確保するため。保有株の中では比較的PERも高く、8％ほど利益が取れていたので。

3983 オロ　東証1部

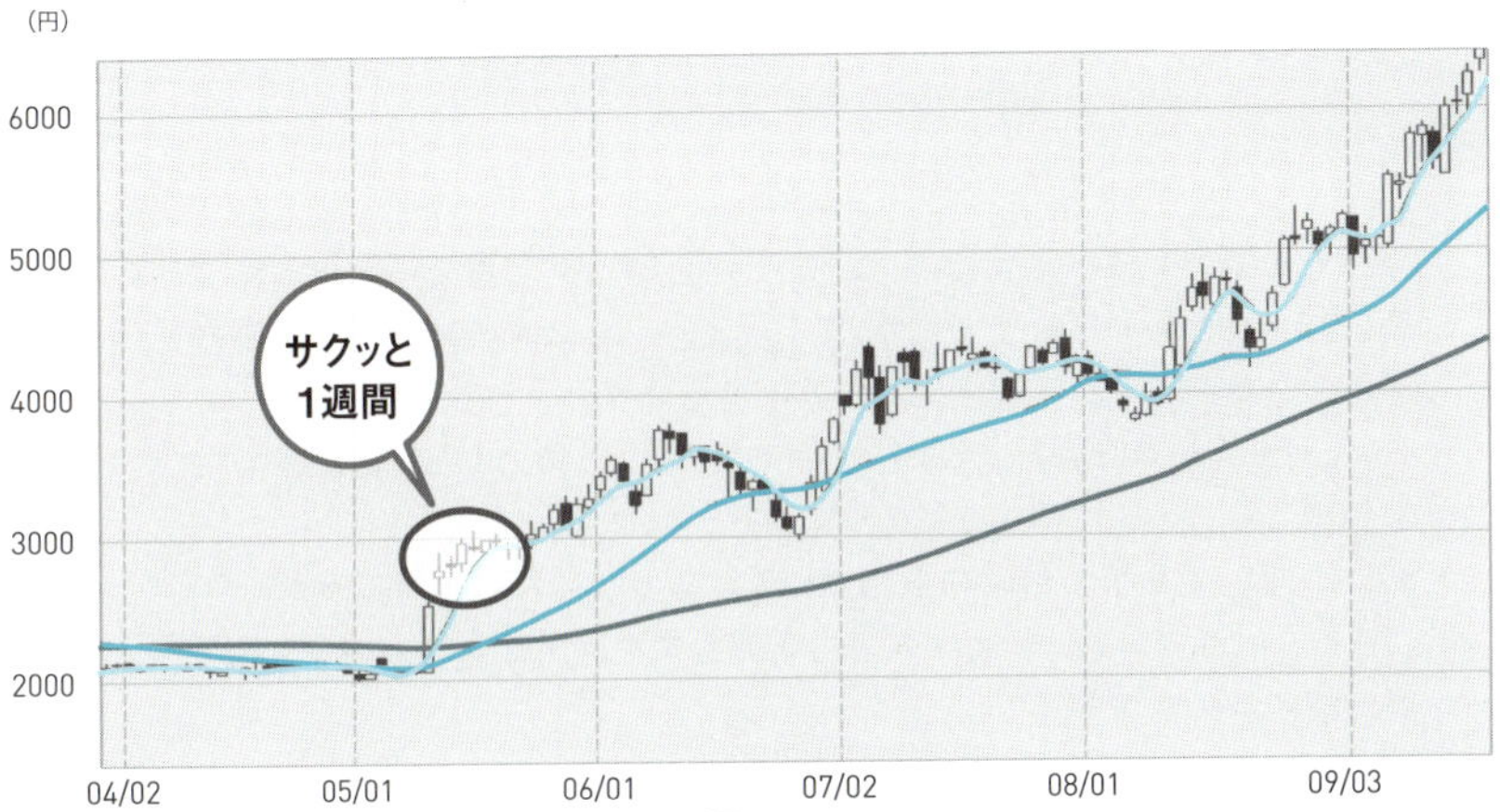

本日のQ&A

Q:良い決算が出ても〝材料出尽くし〟で株価が下がることがあるようですが、決算のチェックはどのような部分を判断して、監視銘柄もしくは取引しようと思う銘柄だと決めていらっしゃいますか?

A:いちばんは、業績の変化ですね。とくに本決算銘柄は、新年度の予想値が、着地した数字に比べてどれくらい伸びるかです。〝材料出尽くし〟で売られるのは、その変化がすでに予想されてた場合です。それ以上の変化があったかどうかで、銘柄選びをしています。

Q:業績とPERを見て、銘柄セレクトを試みてるのですが、PERがかなり高い、例えば、HEROZみたいな株は、どう捉えて臨むと良いのでしょうか。

A:超高PER銘柄は、覚悟を決めて臨んでください。買ってる人たちは、そういう銘柄のPERは見てませんから。夢や希望を買ってるのです! その夢や希望が幻とわかった場合は、砂のお城がくずれるように株価は崩壊します。

勝因

1週間程度でサクッと利益確定で、気持ちよいトレードでした。欲をいえば、5月22日の買い増し価格が1回目のときより200円近く上がっていたので、平均購入価格が上がってしまいました。1回目でもっとガツンと買えればよかったかなー。あとから見て思うことですけどね。

ナンピン買いでドツボにはまる

5月
21日
(月)

気持ちをコントロールするのは、むずかしい。年を重ねると少しは上手になるかと思っていましたが、年配の方でも非常に荒々しい方もたくさんいますので、年齢ではないんでしょうね。
さて、日経平均株価は2万3000円乗せ、マザーズ、JASDAQは非常に堅調でした。
商いは薄いですが、相場の雰囲気はよくなりましたね。株式市場ってこんなもんですよ。いいときも悪いときも長くは続かない。いつも淡々と対峙するのが大事です。

新規

【東証1部】

マツオカコーポレーション

［3611］

4030円
×
100

成り行き買い

2017年12月に上場したアパレル（おもにユニクロ）のOEMメーカー。上場直後の上昇から調整に入ってましたが、5月14日の決算がよかったこともあり買い戻しが入ってきています。
チャートは非常によい形ですね。試し買いで100株しか買ってなかったのが残念。
本日8％上昇しました。後場で買い増しを考えたけど、連騰してるのでそろそろ調整してもおかしくないと思いやめました。明日下げれば買いたい。目標株価は、上場来高値の5300円まで狙いたいですが、ちょっと遠いので、まずは切りの良い5000円を目指します。損切りは5日移動平均線割れ。

その後

5/22
4370円×200　成り行き買い増し
今日は久しぶりに少し大きめの下げでしたね。

5/23
といっても日経平均で270円程度なので、1000円以上の下げを経験しているわたしたちからするとかわいいもんですよ。個別も、すべてが売られてる感じではなく、よいものは移動平均線を割ったら買い戻されるといったものが目立ちます。
4265円×100　成り行き買い増し

3611	マツオカコーポレーション	東証1部

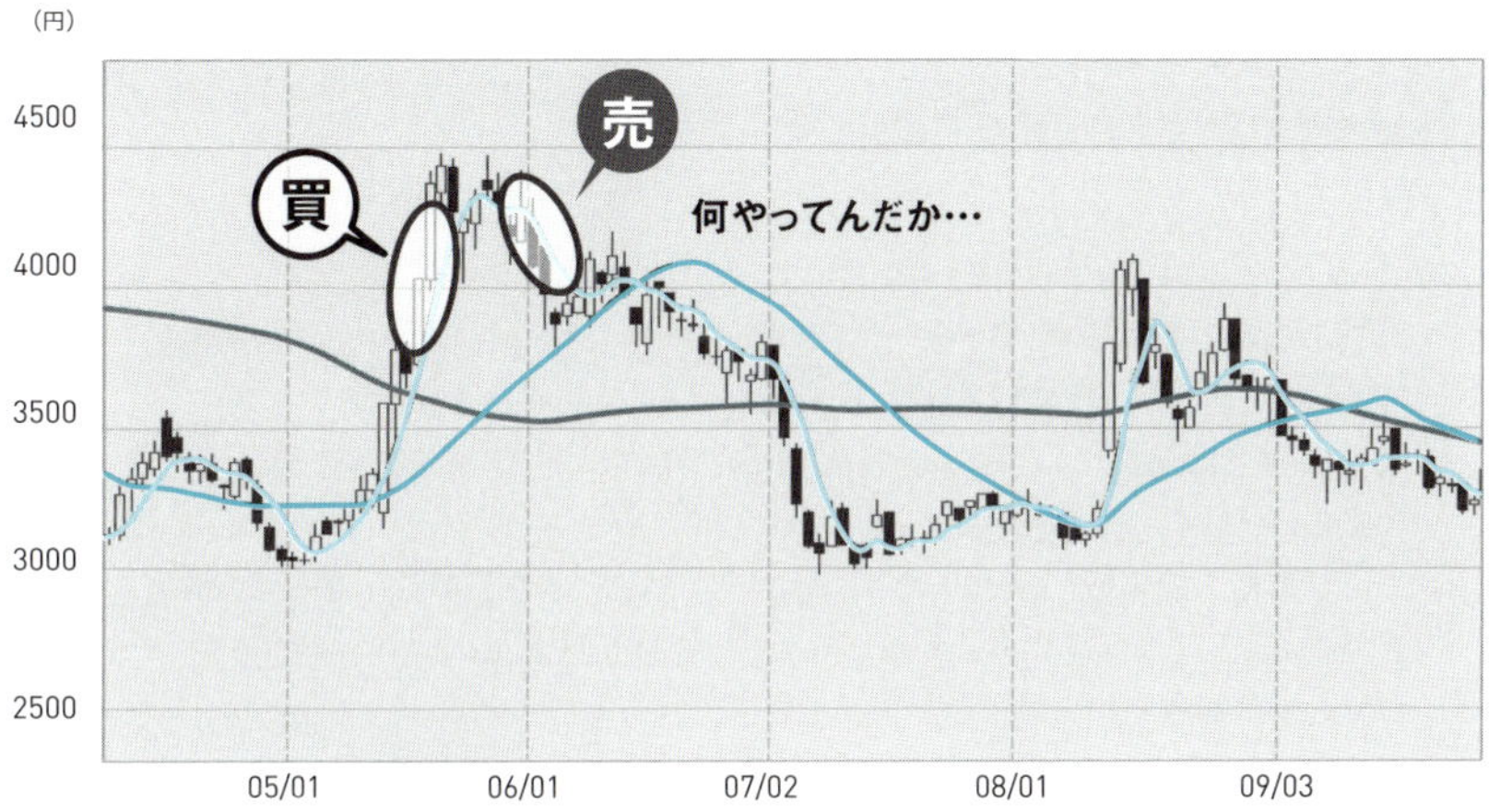

結果

マイナス10万4500円

5/24　4050円×100　成り行き売り　損切り
この時点でチャートを見てたら5日移動平均線を割って大きな陰線が出ちゃって売りました。

6/1　4085円×100　成り行き売り　損切り
が、そのあと回復しましたねー。あるある、こういうこと。
チャートが崩れかけてきたのでポジション減らします。

6/4　3970円×100　成り行き売り　損切り
5日移動平均線明らかに割ってきましてよくないですね。ユニクロの月次も悪かったようなので明日も売られるのかな。残り100株。

6/4　3885円×100　成り行き売り　損切り
こちらも昨日の懸念通り下げました。全株売却。

敗因

3週間で50％急騰したところで買ってしまい、2回目に買った5月22日がじつは最高値をつけた日でした。急騰したものは、急落するので気をつけなきゃと思いつつ、気持ちが焦って買ってしまいます。こういうときは〝待つ〟のが大事。
5日移動平均線を割ってすぐ売ったので、下げトレンドの初めのほうで逃げることができました。とはいえ、10万円超えの損失は痛いです。調子に乗ってナンピン買いしたのが仇になりました。

下がって損切り、上がって買って、また損切り

5月 28日 (月)

5月は月間利益目標をオーバーして終了。あまりポジションを取ってなかったけど、こまめに利確したのがよかったと思います。
全体相場は軟調でしたね。米朝関係の不透明感が重しになってるようです。
そういえば四季報サプライズが23日から配信されてますね。最近はあまりこのサプライズにも反応しなくなってる気がしますがどうですか？

新規

【東証1部】スクロール

［8005］

600円×1000

成り行き買い

去年から動意づいてる株ですね。いまいち実態が見えなかったんですが、18年3月期はしっかり着地し、19年3月期は大幅増益予想。先週24日発表された月次も順調だったことから窓開け上昇しましたが、今日はやや調整しました。19年3月の予想一株益が約50円ですので、PER15倍で750円。損切りは570円。

その後

5/29 595円×1000 指値買い増し
597円×500
596円×500 成り行き買い増し

5/31 570円×900
571円×600 成り行き売り 損切り
チャートが崩れてきたので仕方ない。570円が損切りラインでしたので潔く。残り半分。

6/1 567円×1000 逆指値成り行き売り 損切り
板が弱かったので全株売ったんですけど、ヒケ後に見たら4%近くあげてる！ 本日の安値で売れたようです（泣）。無駄な損切りをしてしまいました。
（中略）

6/8 640円×500 指値買い増し
前場で高値超えましたので、朝出しておいた注文がささ

8005 スクロール　東証1部

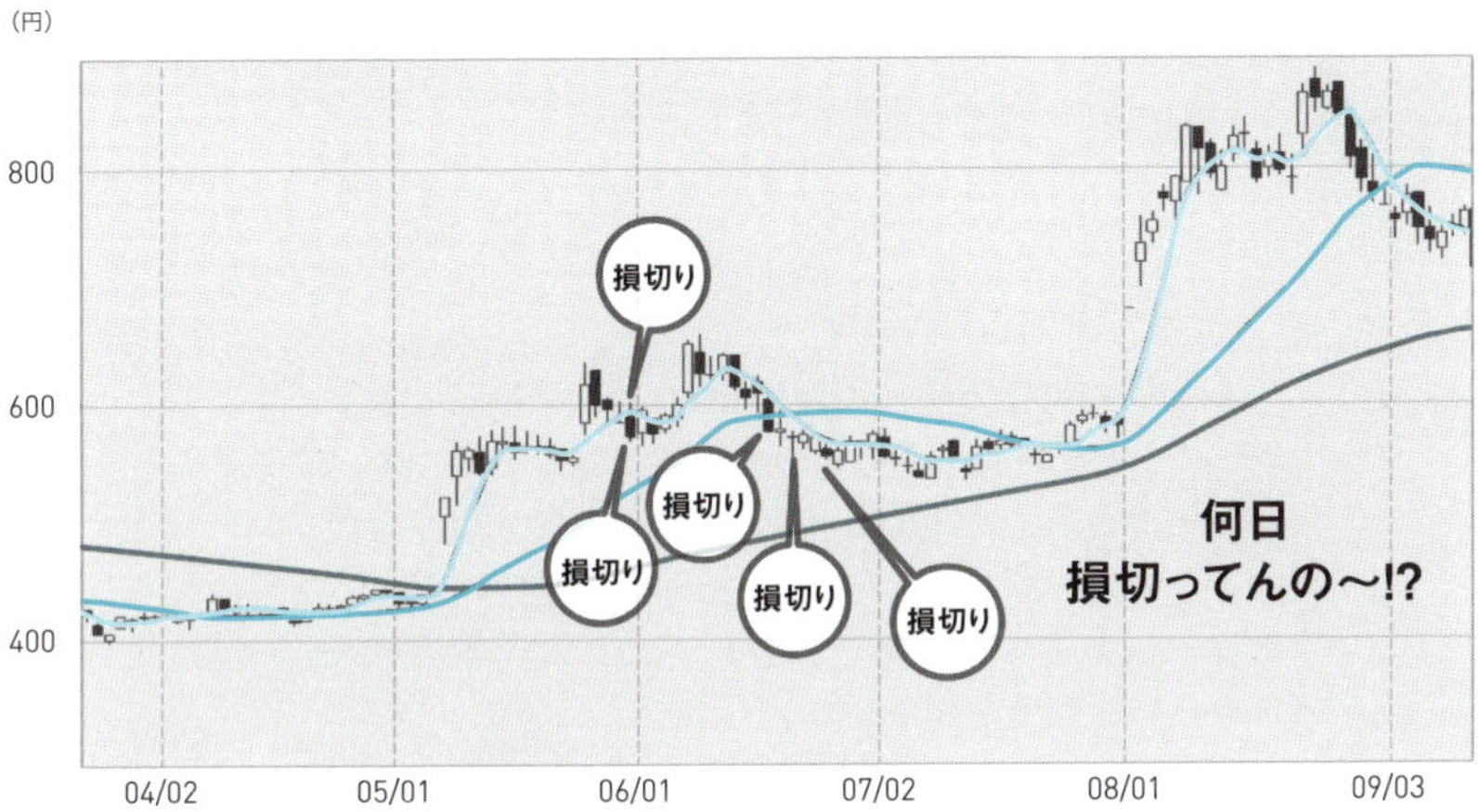

らないと思ったら、後場で下げてさすりましたね。このまま下げてまた損切り、なんてことになったら泣く。

6/18　578円×500　成り行き売り　損切り

これ、また失敗しちゃったのかな。損切りして、上がったところを買い戻して、また下がって損切り……。ムカつくわー。

6/20　562円×500　成り行き売り　損切り

こちらもチャートのくずれ

6/25　556円×500　成り行き売り　損切り

5日移動平均線に上値を抑えられてる感じ。これで全株売却です。2度の売買、2度ともタイミングを間違えました。

結果

マイナス15万9100円

敗因

何をやってんだかと言いたくなるようなヘタな売買してます。下がったところで売って、上がったところで買って。値動きに翻弄されました。5月8日に発表された2019年3月期の営業利益予想が84%増益とポジティブサプライズで、窓をあけて急騰。その後、やや調整したところで、第1四半期決算発表。それがまたよかったので、さらにもうワンステージ上昇しました。

ちょうどその調整局面のときに買ったり売ったりしてしまったので、ぜんぜん利益が取れなかったというダメなパターンです。そのまま第1四半期の決算まで持ちこたえていたら、かなり利益が取れたのに！

今日から計算上は7月相場ですので、気分一新！

6月27日（水）

テクニカル分析のエキスパート横山利香さん（四季報オンラインでも連載してます）と銀座で焼肉ランチしてきました。焼肉焼いてるところを写真撮ろうと言い合ってたのに、すっかり話が盛り上がりふたりとも気付いたのはデザートになってから。というわけで証拠写真はございません（横山さんは、株式投資だけでなく、不動産投資にも長けていて、いろいろ勉強させてもらってます）。

新規

【東証1部】MS-JAPAN

［6539］

7210円×100

指値買い

13週の押し目近辺での押し目買いです。この銘柄は昨日読んだ渡部清二さんの本に出てた〝10倍銘柄の探し方〟を参考にリストアップしたもの。30銘柄程度あり、その中で上昇トレンド継続中のものに買い注文を出しました。

PERは40倍台とけっして割安さはないんだけど、渡部さんの本にはPERは気にすんな！　って書いてましたから（笑）。

ただ、この会社は、営業利益20％増を維持し、財務も営業利益率も抜群。働き方改革という政府のテーマにもピタッとはまってますので、PERが40倍でも高くない気はしますね。

8000円は超えていくと思うのですが、1年くらい保有して2倍を目指したい！　損切りラインは、ちょっと深めに6750円。

その後

6/28　7230円×100　指値買い増し

7/3　7210円×100　成り行き売り　利確

ボラティリティが高いので、リスク回避でポジション減らしました。

7/6　7220円×100　成り行き買い増し

戻りはあまり強くないんですが、週足の押し目と思って買い戻し。値がさ株なので、大きな戻しを取り逃したくないと

6539	MS-JAPAN	東証1部

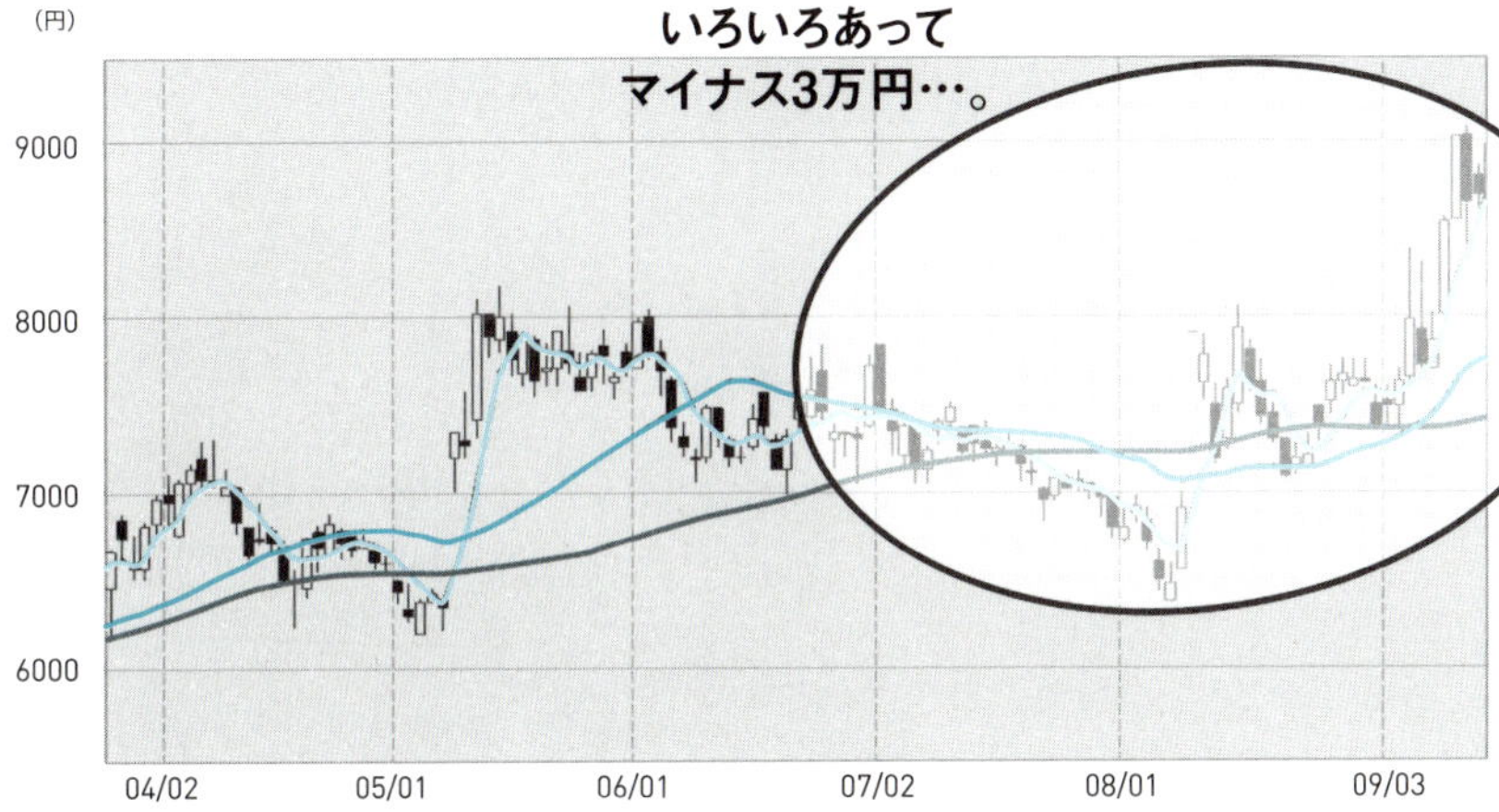

いう欲が……。

7/19 7160円×100 成り行き売り 損切り
75日移動平均線の下に株価がきてしまったのでポジション減らしました。

7/31 6780円×100 成り行き売り 損切り
週足で26週移動平均線が下を向いちゃったので。

8/15 7640円×100 成り行き買い 新規
これはいいところで買えた！
決算翌日ストップ高で、その翌々日に大きく売り込まれて買いのチャンスをさぐってました。今日は決算後の高値を超えましたので、強いと思います。
8000円がひとつ節目ですが、100株しか買えてないのでもう少し上を目指したいですね。高値をむすんだトレンドラインの延長線9000円を目指します。損切りは7500円で。

8/16 7690円×100 指値買い増し

8/20 7310円×100 成り行き売り 損切り
こちらは値がさ株なので、半分売りました。いいところで買って利益とれてたのに溶けちゃった。悲しい。

8/21 7130円×100
逆指値成り行き売り 損切り

9/6 7700円×100 指値買い 新規
今日の安値でささってました。昨日節目の8000円を超

本日のQ&A

Q：地合いの悪い日に直面した場合、損切ラインにすぐに達してしまいます。全体的に地合いが悪い日は、我慢して翌日に持ち越しとするほうがいいのか、鉄則を優先して損切したほうがいいのか悩むところです。地合いが悪い日のポジションの持ち方や購入する場合のアドバイスをいただければ幸いです。

A：基本的には、地合いがいい悪いで損切りラインを変更しないほうがいいと思います。なぜなら、それをやってしまうと自分の都合よく損切りを引き伸ばしてしまうから。地合いが悪いときは、さらに翌日も大きく下げるかもしれませんので、翌日に持ち越さないほうがよいと思います。

Q：最近感じるのですが、前場9：00am寄り付きで極端に上げに動いて、結局後場の引けは下がって終わるというパターンが多いような気がします。買う場合は、ここ最近の傾向をみると後場引け成りで買うのがいいのかと思いますが、ご意見いただければ幸いです。

A：株は一晩でガラリと見える景色が変わる場合がありますので、なんとも言えませんね。わたしはやりませんけど、試してみてはどうでしょう？　作戦としてはもちろんアリだと思いますよ。

えたのでそのまま上がるかと思ったら、今日は長い上ヒゲで陰線なのであまりよくないですね。目標株価は8500円。損切りは7500円割れ。

9/11　8800円×100　指値売り　利確

8500円が目標株価だったので売りましたが、今日は9000円超えたんですね。いや、いいの。欲出すとぜったい失敗する。

結果

マイナス3万円

敗因

7月、8月、9月と各月ごとに買って売ってを繰り返したわりには、結果マイナスというなんとも情けない結果。最後の9月のトレードだけが成功で、7月、8月はジタバタして結局負けてます。1年くらい保有して2倍目指したいなんて書いてるのに、ぜんぜんできてないですね。

ただ2018年9月末を天井に、現時点【2019・4】では、株価がかなり約40％低い位置にありますので、結果的には短期で売却してよかった！

第4章

わたし、すこし調子に乗っています！

2018年7月〜9月

米中貿易摩擦でいい株も売られる！

6月19日（火）

きついですねー。大国のケンカに巻き込まれる小国日本。
大きな船が揺れると、その波で小舟は大揺れしますわね。
午前中に高値を取ってた銘柄が、次々と10％暴落botでTwitterに流れてきて、高値追いしなくてよかったと思いました。

新規

竹本容器【東証1部】

[4248]

3010円 × 200

指値買い

13週移動平均線で指値がささりました。竹本容器は、設備投資を積極的にしてるので減価償却がかなりの重しになっていて、18年12月期は減益予想だけど、第1四半期で前年同期比39・4％増、第2四半期に対する進捗率は57・6％とかなり好調。通期一株益は170円くらいになってもよいかなーと。

減価償却が12億もあるので、それを差し引いてかなりコンサバティブに見積もって、PER20倍。

170円×20＝3400円、損切りは評価損が5％にします。

その後

6/21　3140円×400　成り行き買い増し

5日移動平均線の上に乗ってきました。13週移動平均線で押し目をつけた感じかな。

7/4　2910円×200　成り行き売り　損切り

75日移動平均線を株価が下回ったのが痛いですね。ボリュームが多く持ってる株ほど下がる……。

2864円×200　逆指値損切り

7/5　2847円×100　逆指値売り　損切り

美津濃と竹本容器、同じ10時09分に逆指値がささってるのは、この時間に急激に売りが出たってことですかねー。

4248　竹本容器　東証1部

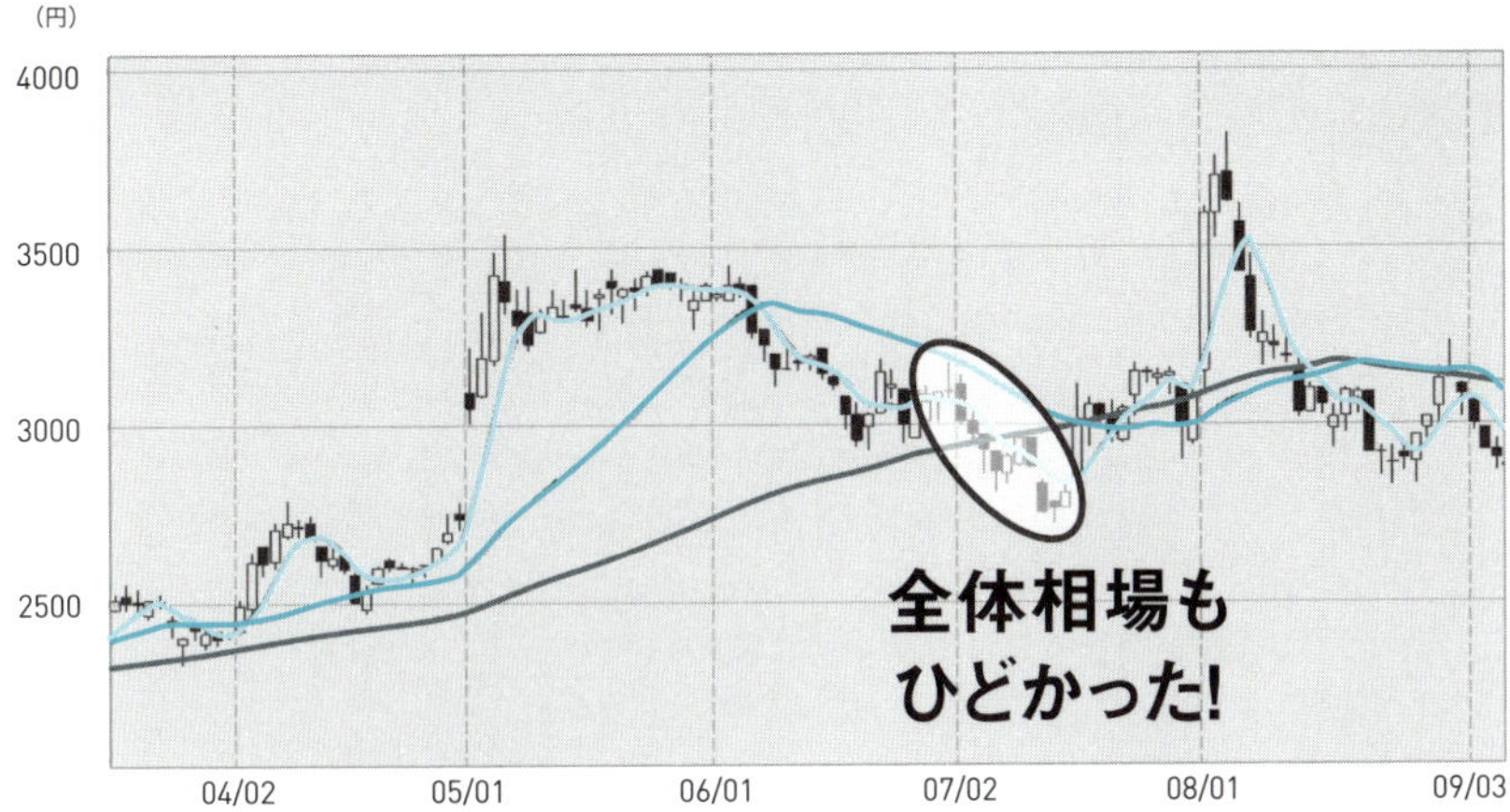

結果

マイナス13万2400円

2861円×100 成り行き売り　損切り

敗因

ボラティリティの高い相場で、翻弄されてます。個別の業績がよくても、全体相場が荒れていたので、どうしてもそれに振り回され、コツコツ積み上げてた利益が、一瞬でマイナスになることがほんとに多かった。竹本容器は化粧品などの容器を作る会社で、オリジナルの金型を多数持ち、スピーディな納期が売りです。着実に業績は伸びているし、かつては懸念されていた財務体制の弱さもずいぶんよくなっています。またどこかのタイミングで買いたいなー。

本日の格言

「もうはまだなり　まだはもうなり」

もうそろそろ底かなと思ったときは、まだ下がるかもしれない、まだ底じゃないと思ったらそろそろ底かもしれない、と逆のことを考えてみようという意味。あまり自分の感覚に頼らず、経済指標やニュースなど、客観的な情報で判断できるとよいですね。

PER100倍超えでも上がるものは上がる！

6月28日（木）

今日は1日家にいて仕事しつつ読書をしてます。渡部清二さんの『会社四季報の達人が教える10倍株・100倍株の探し方』。渡部さんは四季報オンラインでも連載されていて、四季報を連続83冊読破されてる方です。わたしは2017年末の四季報オンラインの懇親会でお会いしましたが、すごく物腰がやわらかくおもしろい人で、わたしが図々しくも拙著を送りつけたら、ご丁寧に感想をメールしてくださいました。分析力はわたしが言うまでもなくすばらしいです。
長期投資で銘柄を探すには、とても参考になりますよ！

新規

【東証1部】
グレイステクノロジー

［6541］

2250円 × 100
指値買い

日足のチャートがきれいなトリプルボトムをつけているので、チャートのサインがあてになるのかどうかの試し買いです。この会社は期待値が高いのでPERは無視です。産業機械のマニュアルを作成する会社で、なかなかこれは他社が真似できないようです。そういう定性面のおもしろさにも惹かれました。損切りは2000円。目標株価は3000円。

その後

6/29　2204円×100　成り行き買い増し

7/2　今日、こんなに下げるなんて誰が思った？？　モーサテのAI予想だと晴れだったぞ。わたしは、ちょうど前場が終わったあたりから移動していてSUITを観てたので、相場が急変したのを知ったのは14時ちょっと前。前場でいくつか買っちゃったのを後悔しつつチャートを確認しました。
今日の下げは理由がよくわかりませんね。ドル高円安なのに株安。ラジオでは大きなファンドの売りが出ているんじゃないか、ということですが、真相はわかりません。いずれにしろこう下げてくると投資家のマインドも冷え込みますから、さらに売りが出やすくなりますよね。困ったもんです。
2250円×200　指値買い増し

6541　グレイステクノロジー　東証1部

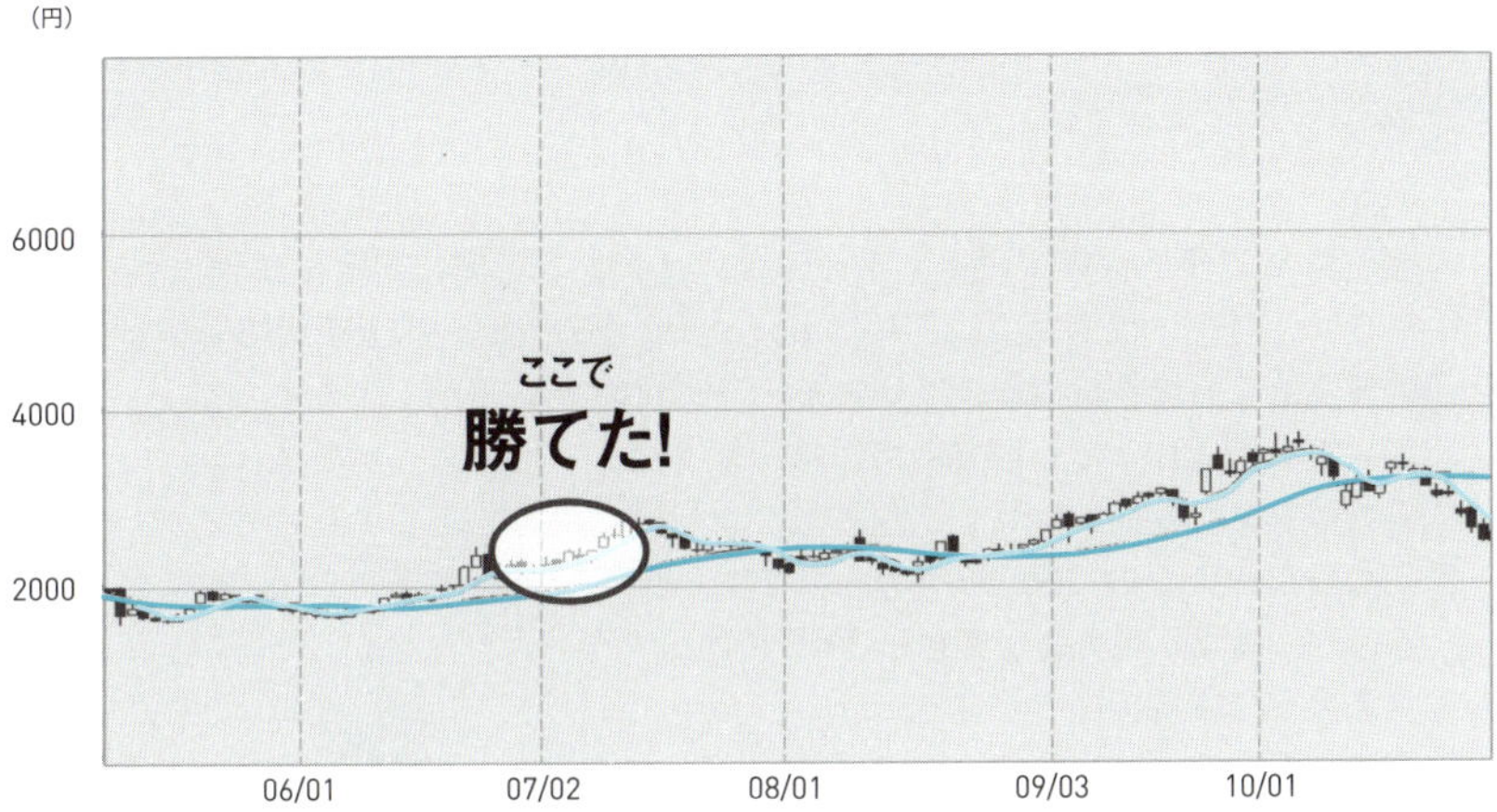

結果

プラス27万円

7/3　2240円×200　指値買い増し

トリプルボトムを信じて買い増し。

7/10　2600円×100

2650円×200　指値売り　利確

目標株価に近づいてきたので一部売りました。まめに利確。

7/11　2738円×100

2730円×100　指値売り　利確

2766円×100　成り行き売り　利確

今日も6%以上あげて、20%以上の利益がのったので全株利確。相場がよければ一部持ち越して400円くらいまで利益伸ばしたかったですけどね。また大きく下げたときに拾いたいです。最近の中では気持ちいい勝ちパターン、トリプルボトムのネックラインを超えたところで買う。

勝因

2016年12月に上場し、その後1年間は順調に株価を伸ばしましたが、その後、下降トレンドに転換。株価の底であるサイン、トリプルボトムを発見し、よいタイミングで買えました。PERは100倍近くありましたので、割安さはまったくなく、以前はこういう銘柄は買わなかったのですが、PERが高くても上がっていく株がけっこうあり「買っておけばよかったなー」と思うことが多かったので、勇気を出してトライ。

タイミングがいいとサラッと勝てちゃう

7月
4日
(水)

今日はまだザラ場が終わってませんが、今のところ昨日と似た展開。前場は下げて、後場徐々に上げてきてます。トレンダーズを前場の下げてたところで買おうかどうか迷って、結局買えず後悔してます。まあ、でも買えなくて上がったものは実損ではないので、またのチャンスを待ちましょう。わたしに必要なのは“待つ”能力。恋愛でも“待つ”能力に欠けてるので失敗することが多い。最近読んだ恋愛本では、おおむね“待て”って書いてたし、SUITではドナが「何もしなくていいの。なるようになる」って言ってたし。

新規

スカラ 【東証1部】

[4845]

1100円 × 400
指値買い

1126円 × 200
成り行き買い増し

連日上昇でなかなかタイミングがつかめず、5日移動平均線で指値をさしてたら今日は買えました。

ASPサービスを展開する会社。四季報で業績をみると18・6期が減益なのですが、これは17・6期が特殊で、それについては決算短信などをみればわかります。興味がある方は、直近の決算短信にNon-GAAPに基づく経営指標が出てますので見てみてください。

目標株価は来期予想PER25倍で1500円。ただこれ、税引前利益に対して純利益が50％くらいなので、税負担が重いのかもですね。

その後

7/5　1120円×200　指値買い増し
寄付きの板がよかったので買い増したけど、後場で買いたかった――。

7/6　1122円×100　成り行き買い増し
昨日大きく下げて今日は戻ってきました。

7/17　1260円×300　逆指値売り　利確
寄り付き後、なんとなく不吉な予感がして逆指値をさしてたのが功を奏しました。3分の1売却。

4845　スカラ　東証1部

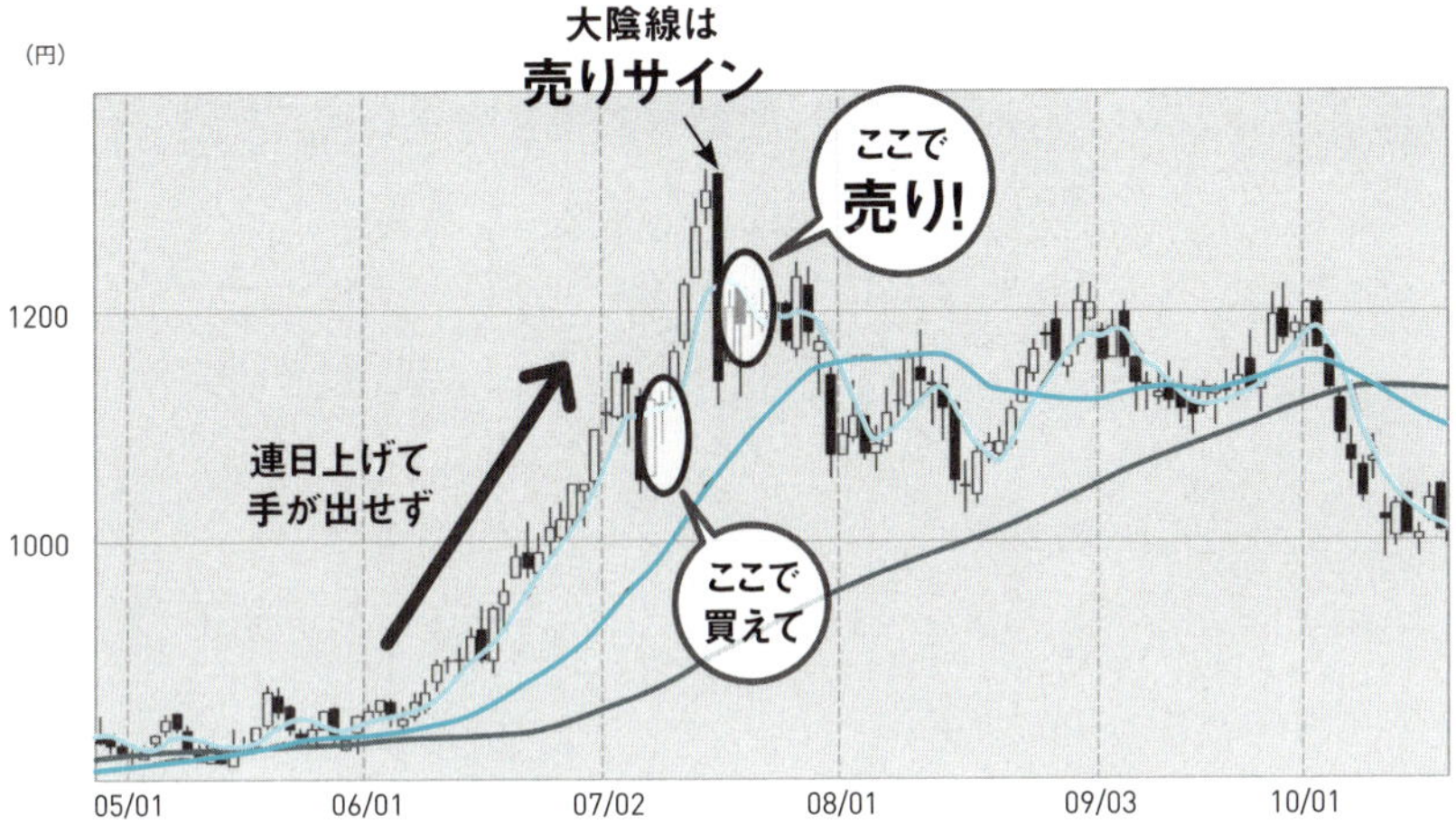

出来高もまあまあできてるので、売りたい人はだいぶ売ったと思いますけどね。

今まで買いたくても買えなかった人が、明日買い向かってくるかどうか。

7/18　1202円×300　成り行き売り　利確

昨日10％以上下げて、今日は5％くらい戻しました。が、半値戻しできてないし、出来高も昨日の半分くらいなので、戻りきれずに下げちゃうかもと思い売りました。

残り300株。

7/20　1197円×300　成り行き売り　利確

ほかの銘柄買ったので売りました。

結果

プラス29万6300円

勝因

2018年6月〜7月の1か月間で60％上昇という大相場を演じた銘柄。7月13日に天井をつけ、その後下がり始めたところで早めに売り逃げられたのがよかったです。ASPサービスというのがどういうものなのか、いまいち理解していませんでしたが、勢いがある銘柄にポンと乗って、たまたまうまく行ったという感じ。

銘柄に惚れたら負けと知ってはいたけど

7月
5日
(木)

いやー、今日もマザーズ大きくさげましたね。ひどい。これは追証で投げざるを得ない人がいるんだと思いますけど、つらいですね。こういうときは相場に逆らっても仕方ないので、ポジション少なめで反転してくるのを待つしかない。
(マザーズ指数は、この週だけで7%下げ、その後は、誰が見ても疑いようのない下降トレンドへ突入。個人投資家で泣いた人は多いと思います。26週移動平均線までは回復するも、何度も押し返され、結局2018年は1月末高値から45%以上下落という散々な結果に終わりました)

新規

【マザーズ】
ユーザベース

[3966]

3835円
3945円
×
各100
指値買い

これも高いとこで買っちゃったなー。昨日、節目の3500円を突破したので、地合いがよければ今日は上がったと思うんだよなー。最近、やたらと目に入るNewspicksを運営しています。

2日にアメリカのネットメディア米クォーツを買収するというニュースを発表し、株価がはねました。買収の影響で、のれん償却費が負担となるため、みかけの営業利益などが減益に修正されますが、のれん償却費と減価償却費の影響をのぞいたEBITDAは増益予想です。いずれにしろ成長性は高いと思いますが、今日の下げがきつい。こちらも後場で買いたかったー。

節目の3500円を割ったら早めに売り。

その後

7/6　3350円×100　指値買い増し
昨日高値づかみしたのがつくづく悔やまれるけど、今日は安値で拾えました。

7/9　4090円×100　成り行き売り　利確
今日10%以上高騰したので一部利確。

7/10　3880円×200　成り行き買い増し

7/17　3815円×100　成り行き売り　利確
4000円を超えられずにもたついてるので、ポジション

3966	ユーザベース	マザーズ

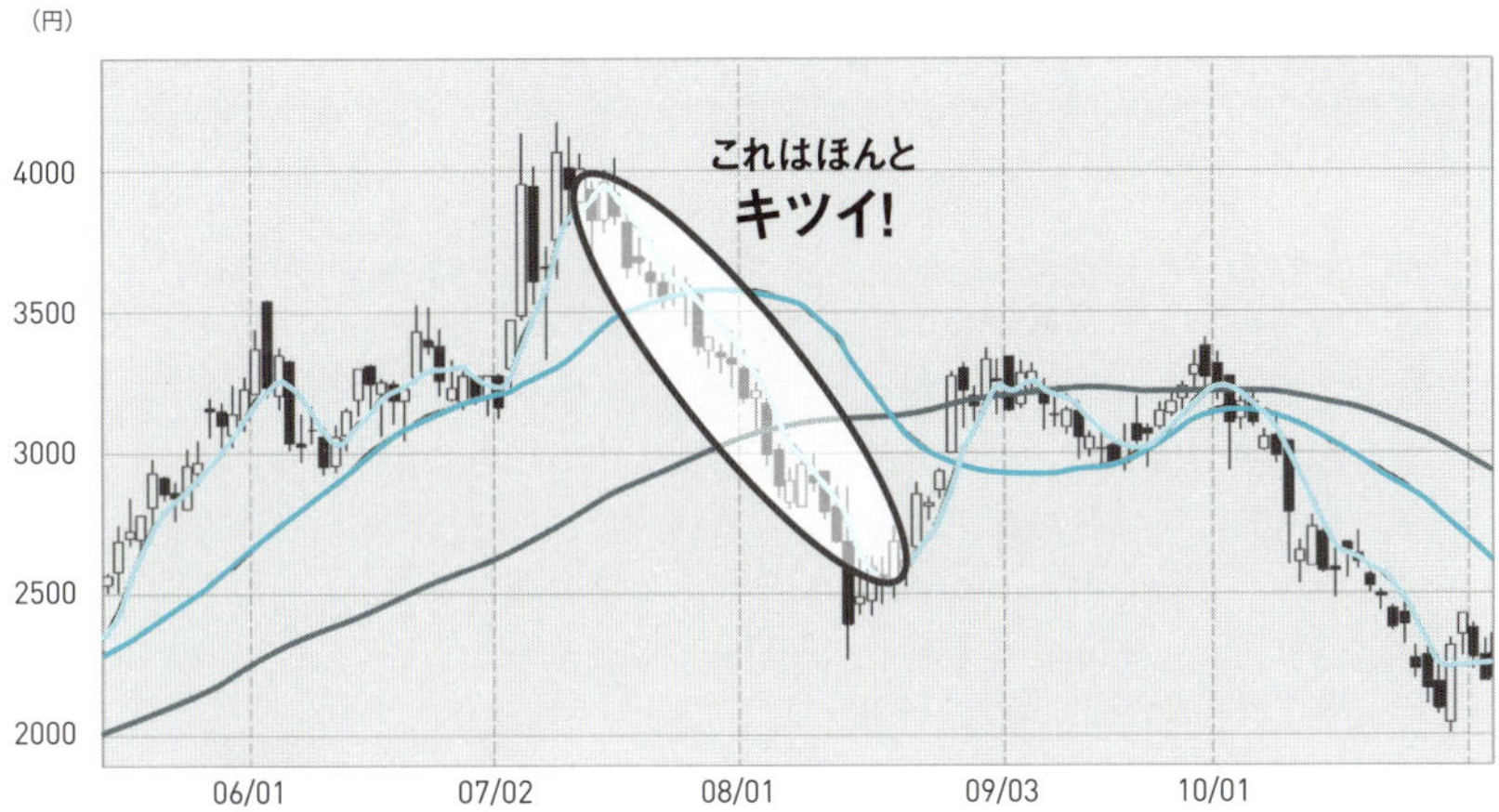

減らしました。

3840円×100　成り行き売り　利確

新規買いで銘柄数が増えちゃったので5日移動平均線が下をむいちゃってるコイツを売却。

（中略）

8/23　2825円×100　指値買い増し

少しずつ買い増していくつもり。まずは25日移動平均線超え、75日の上に乗りたいですね。そうなると今年の高値4000円超えも狙えると思います。

8/24　2897円×100　成り行き買い増し

いい感じですね。5日連続陽線なので、そろそろ売りが出てもいい頃。そこでもう少し仕込みたい。

9/11　3100円×400　成り行き売り　利確

保有株数が増えてきたので、ちょっと株価がダレてきたこちらを全株利確。引き続きウォッチはしておきます。

結果

マイナス2153円

敗因

ジタバタした割には、マイナスという残念な結果。自分がNewsPicksのプレミアム会員になりおもしろいと感じていたこともあって、ちょっと客観的に判断できてなかったような気がします。値動きが荒い銘柄なので、かなり気持ちが揺さぶられ、保有中はヤキモキさせられました。

下げたとき、不安になるのは分析不足

7月10日（火）

今日は日経平均はあげましたが、じつは値下がり銘柄数のほうが多いという展開でした。ちょっと勢いにかけますね。そして、ついについにエアコン購入！　今朝、娘2が「頭痛い」と言ったのが、わたしの重い腰をあげました。今年の暑さはちょっと狂気じみてますよね。無駄にがまんして家族の命を失ったら、後悔してもしきれませんからね。とはいえ、設置されるのは30日なんです。今週来週と猛暑らしいじゃないですか？　設置されるまでに熱中症になったらどうしてくれるの⁉（早く買わなかったわたしが悪い）

新規

【東証1部】

ダブルスタンダード

［3925］

3350円
3250円
×
各100
成り行き買い

ＲＰＡ関連銘柄として２０１８年の１月までキレイに上昇し、そのあと売り込まれてますが、昨日、窓をあけて大陽線をつけたので転換のサインかなと思い、買ってみました。

今日はちょっと下げてますが、昨日の安値は割り込んでいないので様子見で。

損切りは３０００円割れ、目標は２０１８年の５月の高値近辺４０００円。

その後

7/12　３２６５円×１００　指値買い増し

今日は５％以上がりましたね。

7/13　３３７５円×１００　成り行き買い増し

7/31　今日はけっこうポジション減らしました。ちょっと銘柄数も増えてたし、金額も大きくなっていて、ここからさらに決算銘柄を買っていくのはむずかしいかと。あとアメリカのハイテク株が大きく下げてる影響か、わたしが持ってるグロース系の株も軟調で。ここはいったん仕切り直して、地道に好決算のものを拾っていくのがよいかもです。

あと日銀の金融政策決定会合の発表で、日中荒っぽい値動きしましたね。今までとの違いは、今後のＥＴＦ買いは、

3925	ダブルスタンダード	東証1部

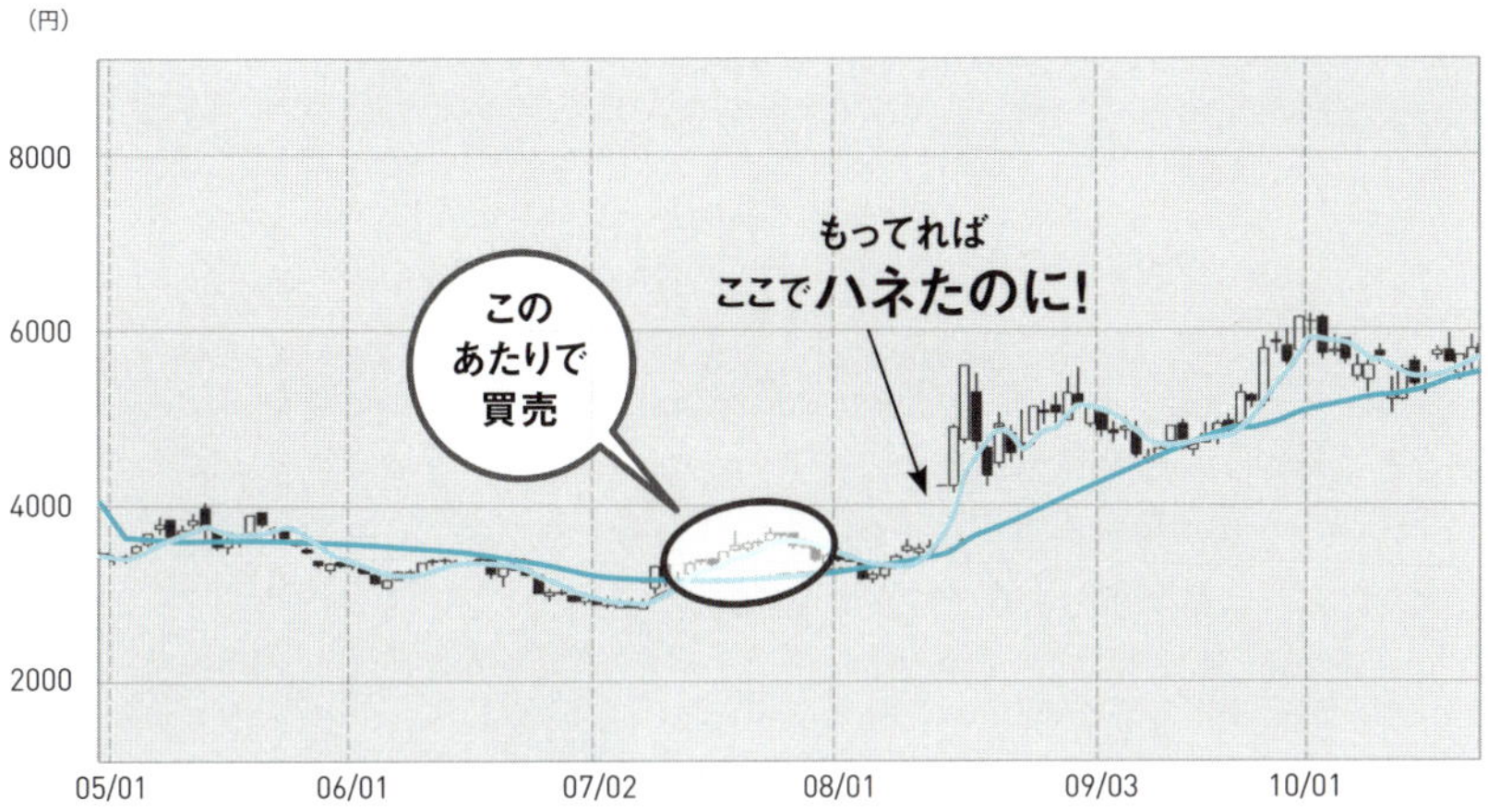

日経平均株価型の割合を減らし、TOPIX型の割合を増やすということでした。

日経平均株価の寄与度が高いファーストリテイリングが下がると思いきや、逆に上がって???

一方、昨日まで上がっていた銀行株が一気に売られました。いずれにしろ、敏感な相場なのであまりリスクを取らないように気をつけないといけませんね。

3455円×400　成り行き売り　利確

こちらは6%くらいまだ利益が乗ってましたので、溶けないうちに売りました。

結果

プラス5万8000円

勝因

企業にビックデータを提供するという今どきの会社で、成長性のあるテーマなのでPERが高かったのですが、5日移動平均線と25日移動平均線でゴールデンクロスを形成したあたりで買い。しかし、その後ちょっと下げてきたところで不安になり手放してしまいました。もう少しがまんしていれば、その後6000円以上に上がっていったのに! というタラレバ銘柄です。でも不安になった時点で、その銘柄に対して自信がないということなので、これが実力です。

目標株価達成のあと、欲を出して結局負け

7月
18日
(水)

今日も日経平均株価、その他全指標が上昇しました。昨日のアメリカ株が上昇で戻ってきて、為替が1ドル113円についたことが要因でしょう。ただ、米中貿易摩擦問題はなんら解決してないですし、日本でも災害による経済的な影響はこれから出てくると思います。あまり油断せずこまめに利確しながらいきましょ。
(2018年は災害の年でした。6月の大阪北部地震、7月の西日本豪雨、9月の北海道地震。それによって影響を受けた企業も多く、業績を押し下げました)

新規

【ジャスダック】
グリムス

[3150]

4000円
3995円
×
各100
成り行き買い

おなじみのグリムスですが、もう少しで直近高値を超えそうなところに来てます。省力化などを中小企業にアドバイスする会社ですが、こう暑いと冷房代もバカになりませんから需要が伸びるんじゃ？　っという安易な思いつき。なんにせよIT化が進む世界で〝電力〟ってひとつのキーワードかなと思ってます。

とりあえず直近高値の4300円を超えて4500円を目標に。

損切りは3700円。

その後

7/19　4060円×100　成り行き買い増し

7/23　4110円×100　指値買い増し

今日は陰線ですけど、電力をどうするかってこれから大きなテーマになると思うので、中長期的には成長余地が大きいと睨んでます。7月末で1株を2株に分割しますから、需給面でもよくなるはず。立会外分売、株式分割と東証1部上場も視野に入ってきましたね。

7/25　4530円×100　成り行き売り　利確

目標株価4500円達成しました！　ちょっとずつ様子を見ながら残り300株売っていきます。1→2分割

7/31　1927円×200　成り行き売り　損切り

3150 グリムス ジャスダック

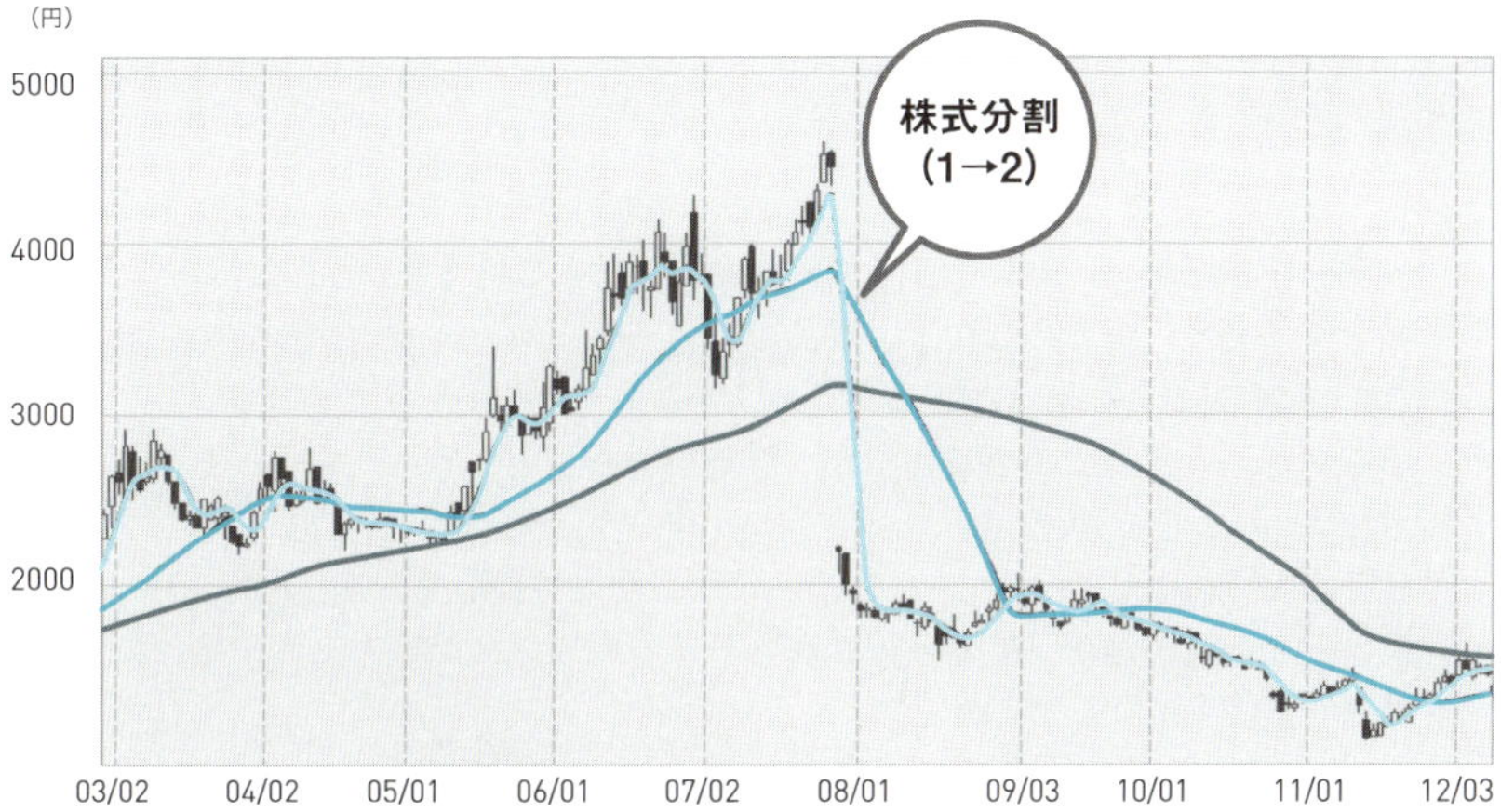

結果

8/1 1870円×100 成り行き売り 損切り

ずるずる毎日下がるんだけど、そろそろ止まって。

8/3 1805円×100 成り行き売り 損切り

こちらも下げ止まらない。今週1週間でだいぶ下げたな。週足ではきれいな上昇トレンドで、13週移動平均線がサポートしてくれてますので、それを割ったらあきらめないとな。

8/6 1848円×100 成り行き売り 損切り

戻り売りです。決算前なのでポジションを減らします。

8/8 1870円×100 成り行き売り 損切り

こちらも今日少し上げましたが、あさって決算なのでポジション減らしました。

マイナス3万8800円

敗因

7月25日に目標株価を達成して100株（分割後200株）を売却しましたが、じつはそこが天井で、そこから現在（2019・5）もまだ株価は戻っていません。あの日にスパッと全株売却してたら、利益が取れたんですけどねー。その後、8月中旬ころまでずっと下げっぱなしだったので、損失がこれくらいですんだのはまだましかな。ちょうどわが家でエアコンを買って、電気代についてなど考えてたところなので、省電化というキーワードに惹かれて買いました。テーマ的には、おもしろいですよね。

7月20日（金）

決算持ち越し急落！

今年はお金が飛んでくな〜。だけど、お金があるときにそういうこと（レーシック手術）をやらないと、お金がこころもとなくなるとやらないですよね、きっと。あるときにやっとけばよかった〜と思うくらいなら、余裕があるときにやっちゃおう！　買っちゃおう！　旅行にも行っちゃおう！

今日は一時200円以上下げましたが、ヒケにかけて少し戻しましたね。最近は、上海市場が下げると日本株も下げるので、10時半の上海市場が開くまで手が出しづらいです。

新規

【東証2部】
日本和装ホールディングス

［2499］
540円×500
成り行き買い

こちらも再エントリー。ボラティリティの高い銘柄ですが、週足で上昇トレンド継続中ですし、業績は確実によくなってますから。

2Q、4Qの期首の予想値をすでに6月に上方修正していますのである程度好業績は折り込みずみだと思いますけど、75日移動平均線近辺まで下げてきましたから下値リスクは少ないかと。

目標株価は直近高値650円。損切りは520円割れ。

その後

7/24　559円×300　成り行き買い増し
7/25　577円×500　成り行き買い増し
8/1　485円×600　成り行き売り　損切り
　　484円×300　成り行き売り　損切り
　　506円×400　成り行き売り　損切り

昨日2Q決算で、三菱総合研究所と同じパターーン。前年同期比増益で進捗率も通期予想に対して68・7％と好調。だけど、4〜6月だけを見れば前年比マイナス8％。
これで急落。過剰反応しすぎ――！
506円×200成り行き売り　損切り
だいぶ買い戻されましたねー。昨日のリオンと似てます。もしかしたら、これ、売られすぎでこっから上がるのかな。

2499 日本和装ホールディングス 東証2部

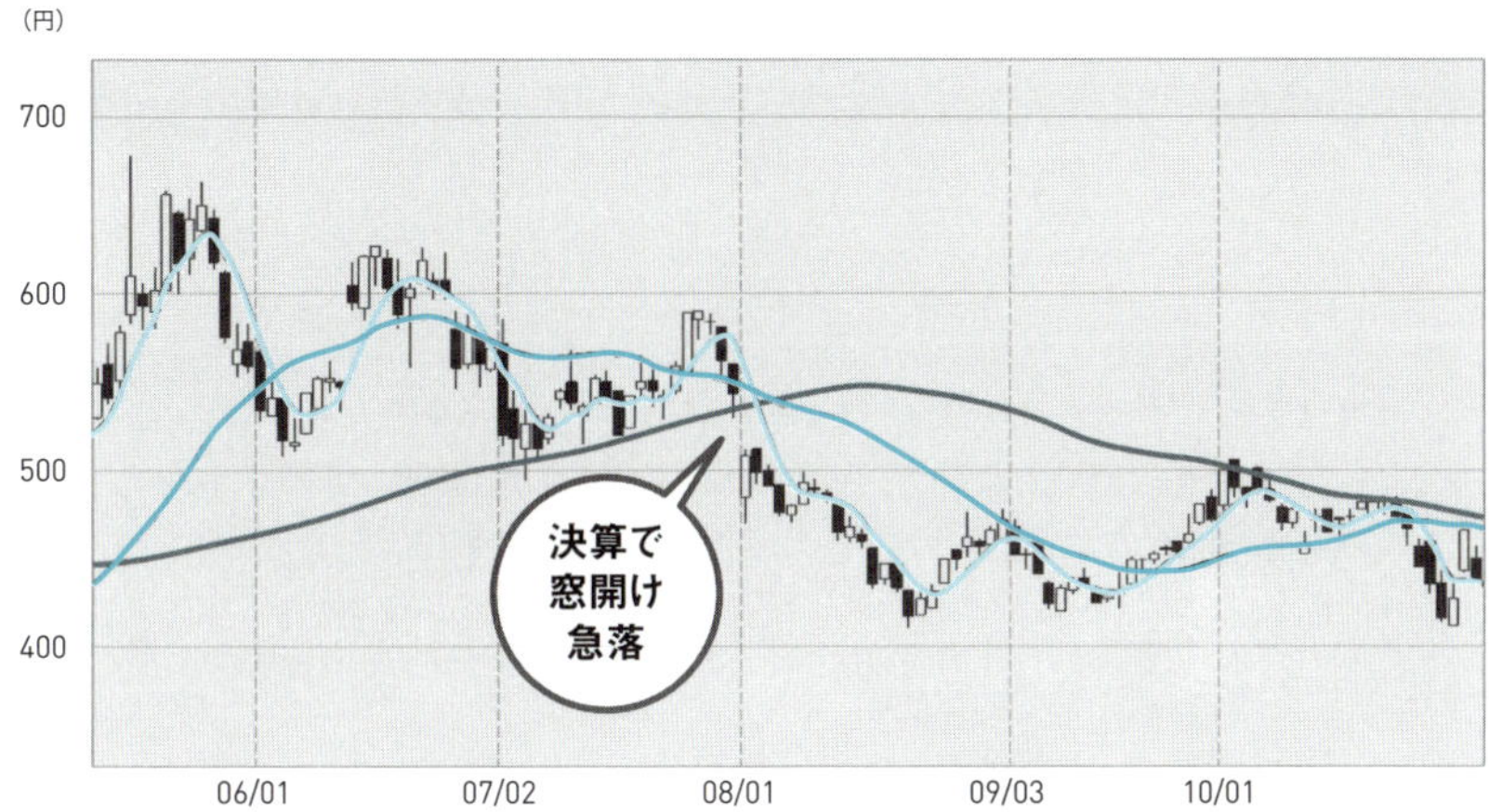

四季報オンラインだとすでに業績予想上方修正されてるしね。

全株売っちゃったけど、様子みて買い戻すかも（懲りない）。

結果

マイナス8万8800円

敗因

この会社は12月決算なので、第2四半期決算の発表ですが、事前に上方修正されており業績好調は予想されていました。決算に向けて株価が上昇していたところで、直近3か月の4-6月期の減益というネガティブ材料で投げ売り。

とはいえ、1-6月期の上期は増益で着地していますし、そこまで悪くはないんですけどねー。

決算前に上昇してるものは、材料出尽くし売りされる場合があるので、持ち越すのはリスクが高いというお手本的事例です。

本日の教訓

「見切り千両」

小さな損はさっさとしてしまって、大きな損を避けろという意味。自分の買った株はかわいくて、下がってきてもなかなか手放すことができません。また上がってくるかもと期待して売りを遅らせ、結果さらに損失をふくらませてしまいます。損切りできないときに思い出してほしい言葉。

決算後の上昇1週間を取る!

8月
10日
(金)

今日は後場ダダダと下がりましたね。貿易摩擦問題が週末悪化することへのリスク回避売りだと思います。一般的に8月は商いが少なく、あまり盛り上がらないのですが、今年もそんな感じかもしれませんね〜。
(盛り上がらないならまだしも、連日下げが続くつらい8月になりました。夏休みの旅行先からも損切りしてたもんなー)

新規

【ジャスダック】
共同ピーアール

[2436]

1800円
×
200

指値買い

今日、13時に2Q決算を発表して、10%以上上昇しました。それを見て試し買い。通期に対して経常利益の進捗率75・9%。上方修正そのうちくるんじゃないかなー。
通期予想の一株益75円くらいに訂正されるとしてPER30倍なら2250円。それくらいを目標に。
損切りは1600円。

その後

8/13　1800円×200　指値　買い増し
寄り付きあと下がってたのであれ?　と思ったけど、そのあとけっこう上ってた。

8/14　2175円×200
2115円×100　成り行き売り　利確
今日は13%以上上がったので、利確しておきました。これは決算をうまくとらえられましたので、売り時を間違えないようにしないと。

8/15　2400円×100　成り行き売り　利確
これはいいタイミングで売れた!
35%くらい利益取れました。
こういう相場だと上がっている銘柄でも長く持ち続けるの

2436　共同ピーアール　ジャスダック

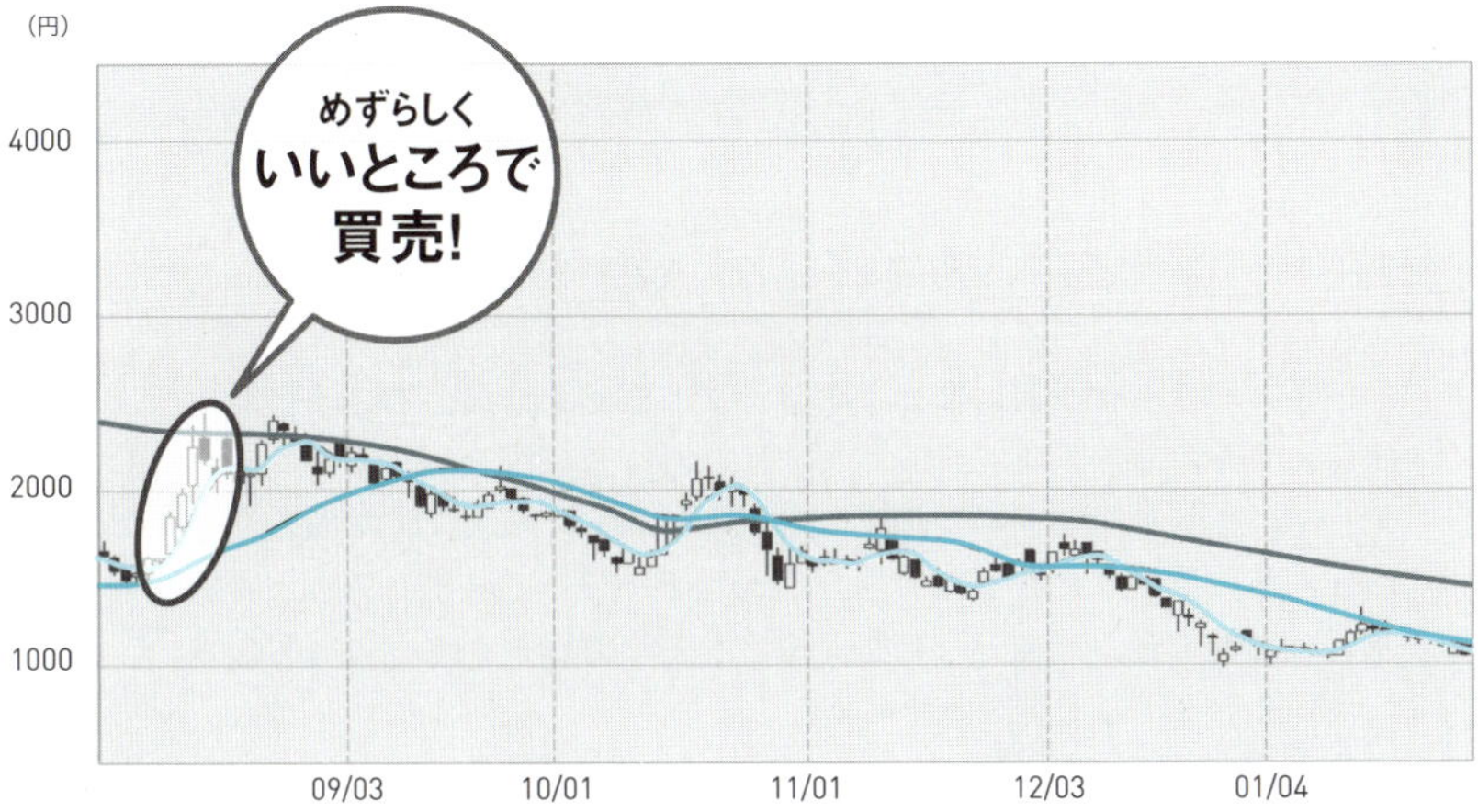

はリスクが高いので、サクッと早摘みするのがよいかと。そしてまた下がってきたときに買い戻すと。ただ中長期投資の場合は、じっくりホールドです。

結果

プラス16万6500円

勝因

共同ピーアールはこのあとも何度か売買して、わりと相性のいい銘柄。このときは、ザラ場中の発表で急騰したところをとらえられてラッキーでした。

このときのメルマガに書いてあるとおり、第3四半期の決算発表時に、上方修正。ただ、わたしが売り抜けた8月15日を天井に株価が下がっており、上方修正のニュースで窓を空けて急騰したにもかかわらず、1850円までしかあがりませんでした。

全体相場が悪く、好業績の銘柄も売り込まれてましたので、サクっと早摘みする作戦のほうが成績がよかったです。

現時点（2019・4）でも、まだ2400円まで値を戻していないので、中長期でホールドするのは忍耐が必要ですね。

1万円以上の値がさ株は、押し目買いに限る!

8月
30日
(木)

日中、わりと時間があったので、いろんな銘柄をリサーチしてましたが、いいなと思ってるものは連日上がって買いタイミングがない。で、いいなと思って数日前に買ったのは、ずるずる下がる。神さまが意地悪してるのかしら。
そして、イヤな予感がしたスクロールとトレンダーズに逆指値注文を出したら、見事にささったというバッドデーでした。ま、でも、美容院行って髪の毛スッキリしたし、そのあと、会いたいなと思ってた人に思いがけずタイミングよく会えたので、トータルではよかったか。

新規

【東証1部】

RPAホールディングス

[6572]

13350円×100

指値買い

2018年3月IPO銘柄。上場直後の高値から8月頭までずーっと下げてましたが、ようやく反転。75日移動平均線を超えて、線の向きも3本とも上むいてきました。
今日は利益確定売りに押されて3%以上下げましたので、押し目買いです。値がさ株なのでちょっと怖いですけどね。
とりあえず1万4000円目標。損切りは1万2850円。

その後

9/20

14850円×100　指値売り　利確

こちらも14000円が目標株価でしたので上出来。値がさ株なので、欲を出さず今月の利益にぶち込みます。

結果

プラス15万円

勝因

2018年3月に上場し、いったんは上昇したものの、そこから長い下降トレンドに突入。2018年7月末から8月頭にかけてトリプルボトムを形成し、日足で移動平均線が3本とも上を向くという、上昇トレンドスタートのサインをキャッチして買いました。

6572　RPAホールディングス　東証1部

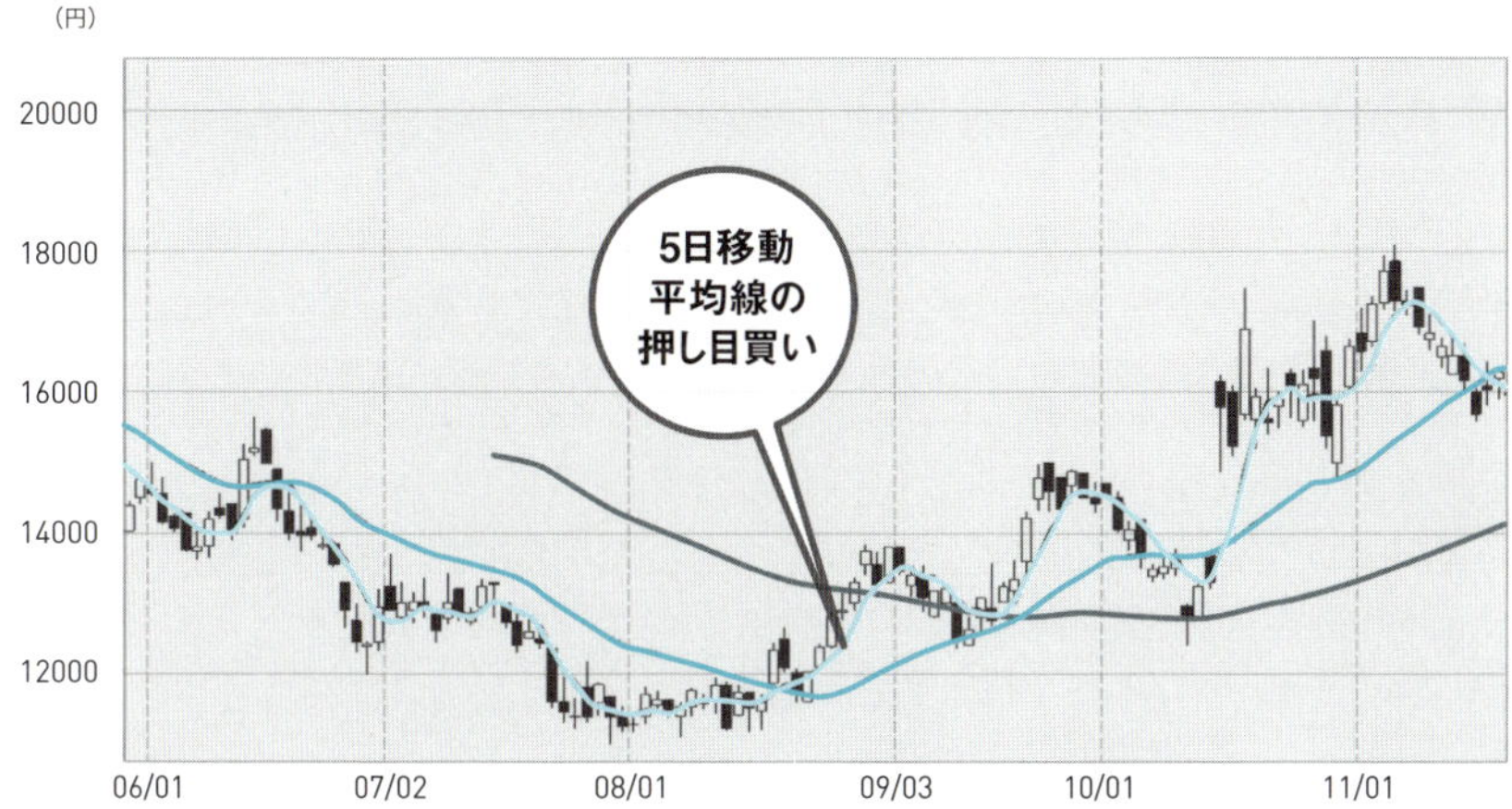

分割前で、単元株数で買っても100万円を超える値がさ株のため、買い増しはできませんでしたが、効率よく利益を取れたと思います。

本日のQ&A

Q：50万円ほどを元手にして、株の売買を始めたいと思っているところです。以前、先生がどこかで1銘柄100株ではなく、200株など複数買うのが良いとおっしゃっていた覚えがあります。これくらいの予算だと1銘柄200株とすると2銘柄くらいしか買えそうになく、なんとなく不安です。初心者にとっておすすめの銘柄数・株数のバランスはありますか？

A：株価が700円以下のものを200株ずつ、3銘柄に分散するというのはどうでしょう？

700×200＝14万　14万×3＝42万

Q：需給が良い、悪い！　とラジオ日経なので聞きます。需給の良し悪しはどのように確認するのでしょうか？　需給というのは信用買残か、信用売残が多い、少ないの話なのでしょうか？

A：需給が悪いと株価が下がり、需給がよいと株価は上がるので、需給の良し悪しは結果としてチャートに表れると言えます。信用倍率は、今現状というよりは、この先よくなりそう、悪くなりそうという判断の目安になります。信用買残が信用売残よりも多いと、今後需給が悪くなりそうと予想できます。

COLUMN

その2 負けないための売買ルールの考え方

ポイント5　負けないためのエントリータイミング

いわゆる高値づかみをしてしまうと、そのあとなかなか評価損が解消されずモヤモヤすることに。高値を取っていく株はたしかに強いのですが、そこでいったんエネルギー出尽くしで下がってしまうことがよくあります。その後、株価が回復してくれれば、それでも報われますが、そのまま下がっていくと結局、大きな損につながってしまいます。

買い上がっていくものを慌てて買うのではなく、いったんその上昇がひと息ついて、移動平均線近辺まで下がってくるのを待って買う。そこから跳ね返されて上がってくれれば、すぐに評価益となりますし、もしその移動平均線を割ってしまえば、すばやく損切り。そうすれば損失を最小限で抑えられます。

ポイント6　ナンピン買いは負ける投資家への道

買った株が下がってきたところで、さらに買い増しすることをナンピン買いと言います。これは、平均購入株価が下がるので、上昇してきたときには利益が大きくなるのですが、さらに下げていった場合は、損失を拡大させてしまう危険な行為。いわば負ける投資家の近道です。

戦略的にナンピン買いを行うのはよいのですが、それは相当の上級者。たいていは、下がってきたところでムキになって買ってしまうパターンが多いように思います。投じた金額が大きくなればなるほど、その株に執着して売りづらくなるので、ナンピン買いはしないとこころに決めてください。

ポイント7　すべては投資期間を決めるところから

投資期間を決めるのは非常に重要です。なぜなら、それによって目標株価も損切りポイントも変わってくるからです。3か月後に2倍を目指すのか、3年後に2倍を目指すのか、その期間の違いで選ぶ銘柄も当然変わってくるでしょう。

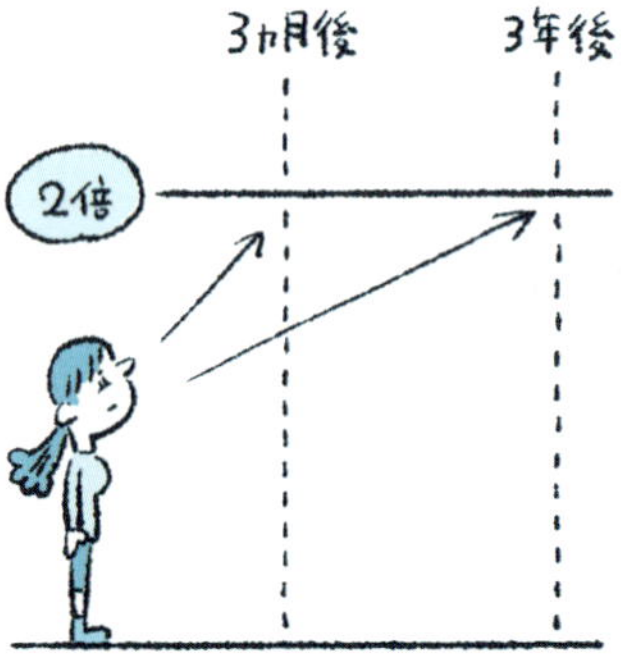

また投資期間を決めていないと、上がらない株を「いつか上がってくれるはず」と淡い期待を抱いて、いつまでたってもお別れできず、ほかの株を買う機会損失ともなります。決めた期間を過ぎても思ったように上昇しない銘柄はいったん売って、また動き始めたときに買い直すのがよいでしょう。

第5章

わたし、10月の暴落を乗りきったんです！

2018年10月～12月

歴史的な暴落は10月にやってくる!?

10月
4日
(木)

下げの原因は毎度のことながらアメリカさまです。①米10年もの国債の金利が3.2%を超えた、②日中貿易摩擦の悪化懸念、③VIX指数が20を超えたといった感じですが、どれも後付のような気もします。まあ、上がりすぎた株の下げですよね。下がらないと上がりませんから。値上がり銘柄数151、値下がり銘柄数3411、年初来高値更新6、年初来安値更新594。なかなか迫力ある数字ですね。わたしは暴落慣れしてますから、こういうときは悩まずポジションをとにかく落とします。でないと相場を見るのが怖くなりますので。

新規

【東証1部】
MS&Consulting
[6555]
1423円×200
指値買い

今日は1350円近辺のレンジを抜けて大きく上昇。出来高をともなってますので、ここからやっと上昇トレンドに入るのか?9月27日に東証1部に市場替えを申請したというニュースがありましたが、そこではそれほど反応してないんですよね。今日大きく上がった理由はよくわかりませんが、業績の割には割安感はあります。目標株価はPERで約20倍の1750円。チャートの節目で考えるといったん1600円を超えるかどうかがポイントですね。そこから跳ね返されるようならそこで利確します。損切りは1250円。

1410円×200
1395円×200　成り行き買い増し

その後

10/9　1344円×200　成り行き売り
寄り付き前の板はよかったんですけど、地合いの雰囲気に負けました。ポジション減らしてリスク回避します。

10/11　今年3番目の暴落です。日経平均は9月の上昇を打ち消して52週移動平均線、ぎりぎり乗ってる感じ。ここを維持できるかどうかがひとつのポイントですね。寄り付きは少し様子を見ましたが、前場でいったん上げて、また一段

6555　MS＆Consulting　東証1部

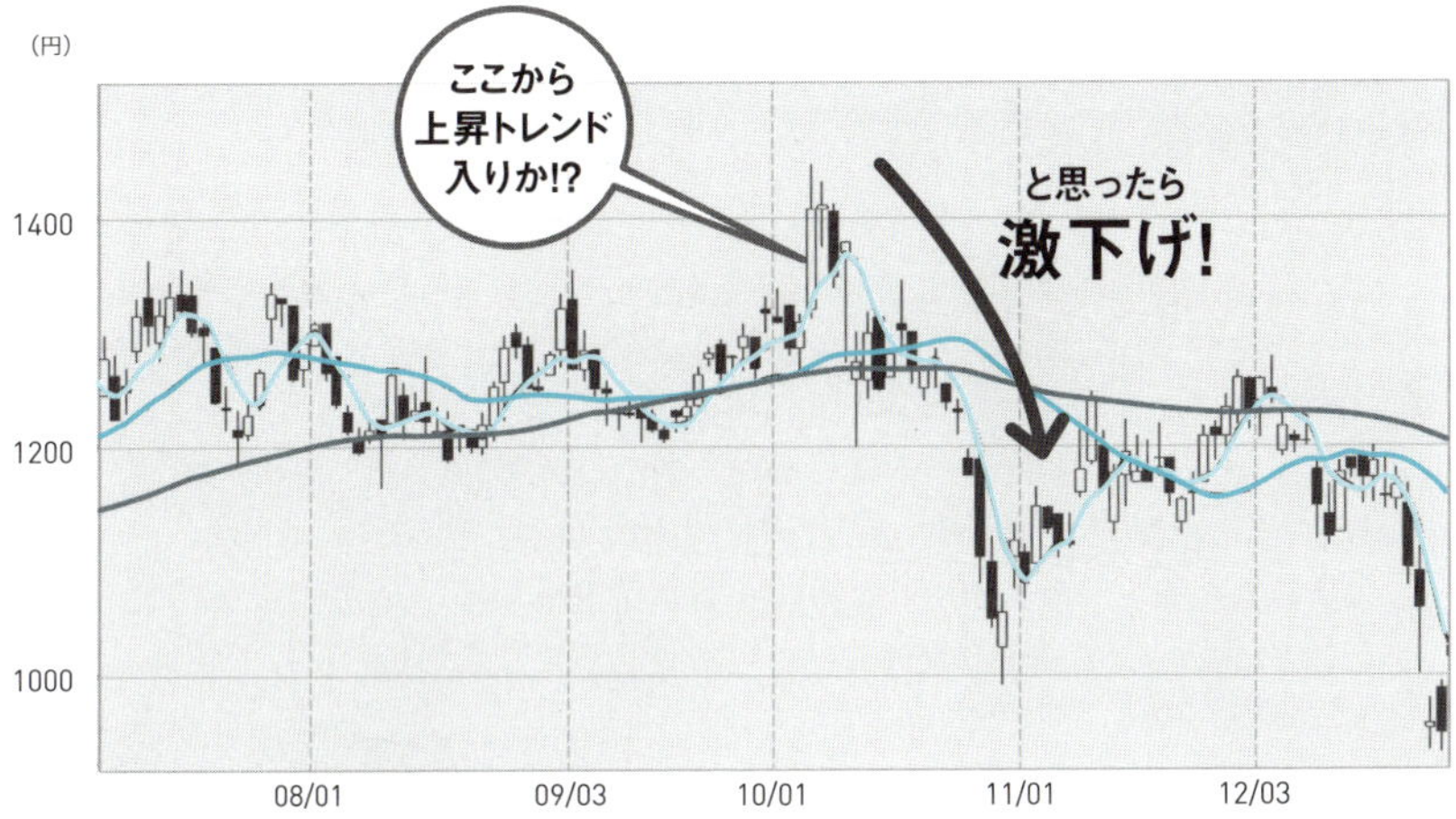

安くなったので、昼休みの間に、評価損が10％以上出てるものは、ざっくざくと売却。逆に、今まで手がでなかったもので大きくさげたものをちょこっと拾いました。こういうときって、評価損をかかえた銘柄ばかり持ってると、ほかでいい銘柄があっても気持ち的に買いづらいし、ナンピン買いするのも躊躇しちゃいますしね。それだったら大きく下げたところを新規で買ったほうが、利幅も大きく取れる可能性が高いし、下げ幅はある程度限定されると思います。週足でトレンドが崩れてないもので、日足の75日移動平均線あたりに落ちてるものなどけっこうお買い得なんじゃないかなー。

10／12
1230円×200　成り行き売り　損切り
1315円×200　成り行き売り　損切り

結果
マイナス6万7800円

敗因

10月の相場はひどかった。日経平均が1か月で3000円も下がったので、わたしがメインで投資してる小型株の下げは、もっと大きかったです。この株も買った直後に暴落に巻き込まれたので、それほどポジションを持ってなかったのが不幸中の幸いでした。顧客満足度覆面調査を行う会社で、悪いことだけじゃなくて、よいところもしっかり報告するところがいいなと思って購入。業績自体は、着実に伸びてますので、買うタイミングを間違っただけだと思っています。

ウォッチしていた銘柄をナイスタイミングでゲット!

10月9日(火)

わたしは、連休に保有株10銘柄の業績を整理したのと、決算の履歴チェックをやりました。あらためてまあまあいい銘柄を持ってるなと思ってるんですが、残念ながら今日は続落。決算発表に向けてわたしのシミュレーションでは上がる株しか持ってないんですけど。日本株が下げた理由は、急激な上げに「調子にのるなよ」と相場の神さまがいたずらしたんじゃないかな。こういう下げが連続すると気分が落ちますけど、死ぬ訳ではありませんし、今年はもっとやな感じの下げが何度もあったので、慣れたもんです。

新規

【ジャスダック】

ワークマン

[7564]

6750円×100

指値買い

絶好調のワークマンですが、直近急騰してましたので調整中です。7000円割ったら買いたいなーと思ってたところでタイミングよく買えました。

直近高値は8450円ですが、ちょっと高いので8000円を目指します。損切りは25日移動平均線割れ。

その後

10/11　6710円×100　指値買い　買い増し

10/17　7730円×100　成り行き売り　利確

15%上がったので半分利確。

残りは直近の高値を目指しますが、相場の様子を見て売るかも。

10/23　7880円×100　指値売り　利確

ほんとは8000円まで待ちたかったけど、ハーバー買っちゃったので同じくらいの値段のワークマンをきっちり利確しました。

この地合いでもほとんどチャートが崩れない強い株だったわ。

結果

プラス21万5000円

7564	ワークマン	ジャスダック

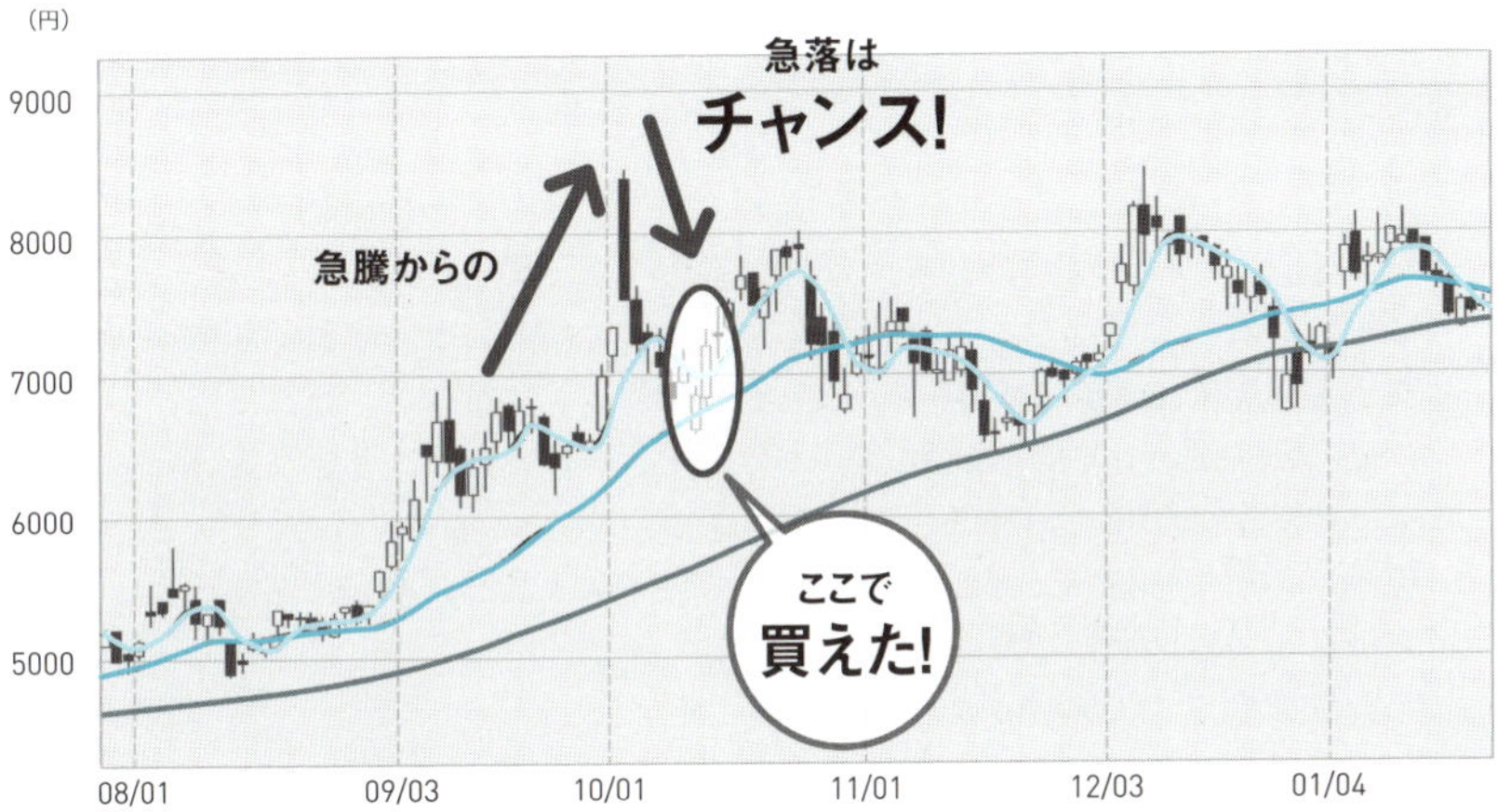

勝因

ワークマンは、ずっとウォッチしている銘柄で、2019年も何度か売買してます。

もともとは作業服の専門店ですが、アウトドアや、日常着も展開。すべりにくい靴が妊婦さんにうけて、インスタグラムで#ワークマン女子というタグができるほど。

某生活情報系ラジオ番組でワークマンがすごい!という話を聞いたのが2017年。そこからどんどん株価は上昇。

雑誌などの取材で注目銘柄を聞かれたときは、たいていワークマンと答えていました。この後も2019年4月には1万円を超え（その後1株を2株に分割）ましたので、ずっと持ってればなーと思ってます。

本日の
教訓

年初来高値43、年初来安値82とまたまた逆転。値上がり896、値下がり2471。

なので、読者のみなさんの持ち株が下がってても当たり前ですから。

おおむねみんな下がってる。

こういうときこそ意識的に淡々とマイルールに従って売買するのみ。

10月
12日
(金)

両建て作戦は成功？失敗？

朝起きて、NYダウの545ドル下落を確認してどう思ったかというと、とくになんも思わなかったんですよねー。なぜかというと昨日前から保有していた銘柄のポジションを大きく減らしていること。昨日下げたところで買ったものは、今日下げたら買いましてもよいと思っていること。なので下がってもそれほどダメージがないんですよね。で、実際には思いのほか上昇。昨日買った銘柄はほぼ全部評価益出てる！トータルでもプラ転しました。
これは想像以上に気分がよいですね。

両建て

【東証1部】
オリエンタルランド

［4661］

10840円
×
100

信用引け成売り

なんと、信用売り！　というのも、オリエンタルランドの現物は売りたくないんだけど、値がさ株で下がってくると評価損がつらいので、いわゆる両建て作戦です。明日、寄り付きで下げちゃってもいいように。大型で流動性のいい株はこういうのができるからいいね。

その後

10/26　10120円×100　成り行き売り　損切り
現物を売りました。幸い、信用の売りのほうが利益出てます。30日に決算なんだけど、すでに織り込み済みでどう反応するかわからないけど、跳ね上がる可能性はなさそう。どちらかというとずるずる下がっていきそうなので、信用売りはもう少し継続。

10/29　10195円×100　信用買い戻し　利確
これは売りに救われました。まさかこんなに下げるとは。明日決算なのでさらに下げるかもしれないですけど、欲を出さずに利確しておきました。

結果
マイナス3万8500円

4661　オリエンタルランド　東証1部

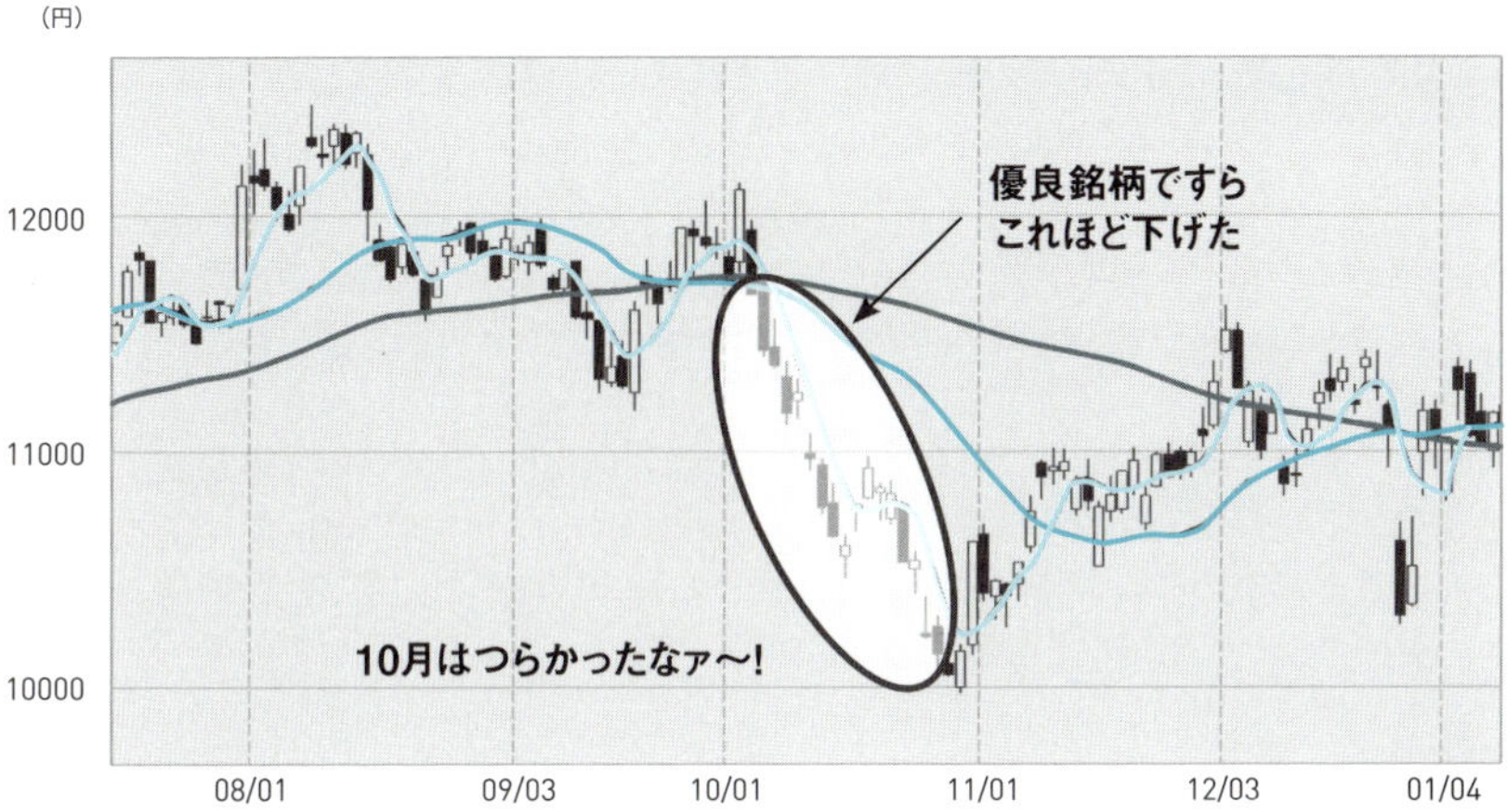

敗因

全体相場が大きく下げたときに、暴落待ちウォッチ銘柄というのがあり、オリエンタルランドはその中のひとつでした。値がさ株なので、なかなか手が出ないのですが、52週移動平均線まで押したところでチャンス！　と思って買ったものの、その後もずるずる。

めったに使わない両建て作戦で対応し、損失はやや緩和されました。両建ては、決算を現物で持ち越すときなどによく使います。両建てを外すタイミングを間違えると、かえって損失を大きくしてしまうこともあり、なかなかむずかしいのです。

本日の教訓

もし昨日、10％以上評価益を抱えている銘柄を売らずにいたら、今日の上げで評価損は多少減ったとしても、まだまだ損失のままです。当然、トータルでもマイナスのままでしょう。ただ、もう1回大きな下げは警戒しておいたほうがいいと思います。

実際、2008年10月10日日経平均9・62％下落、同年10月16日11・41％下落という記録があります。2回目のほうが大きくなってますので、まだリバウンド狙いの全力買いはしないほうがいいです。少し買って、もう一度大きく下がったときに買い増す余裕があるくらいが気楽ですよね。

わたしはそのつもりで、今日も買い増しはまったくしてません。逆に、前から持ってるものは売りチャンスだと思っていくつか売りました。

決算翌日ストップ高からの下げたところをキャッチ

10月16日（火）

今日は、寄り付き様子を見てましたが、とくに何もせず、後場は14時50分までゴルフの練習をしてたので、残り5分でチャートをパパパと見て、昨日ストップ高で今日下げたグノシーを買いました。持ち株では、シェアリングテクノロジー、オウケイウェイブ、パピレス、応用技術、ワークマンあたりがよかったです。とはいえ、今日の評価益はあしたの評価損になるかもなので、調子に乗らず淡々と。たしかアメリカでは、Netflixなど注目企業の決算が今夜たくさん出ますので、それ次第では上にも下にもブレそうです。

新規

【東証1部】
Gunosy（グノシー）

［6047］

2458円×100

成り行き買い

決算めちゃくちゃよかったですね。なので昨日はストップ高でしたが、今日は4・8％ほど下げてます。

進捗率から計算したわたしの目標株価は3200円なので、昨日2500円までなら買おうと思ってました。

今日下げてくれたのはラッキー。

あとはこの水準から大きく下げなければ、再度上げてくれると思います。

その後

10/22　2807円×100　指値買い増し

決算出てるものは安心感ありますね。

10/30　2838円×100　指値売り　利確

こちらも今日は5％以上あげて5日移動平均線近辺まで来てるのですが、まさに押し目売りです。決算済みなので、材料がなく大きく上げるかどうか不安もあったので。

10/31　2970円×100　指値売り　利確

この暴落前の高値にほぼ戻りましたね。

これから決算たくさん出てくるので決算済みのこちらはいったん手仕舞います。

2458	Gunosy（グノシー）	東証1部

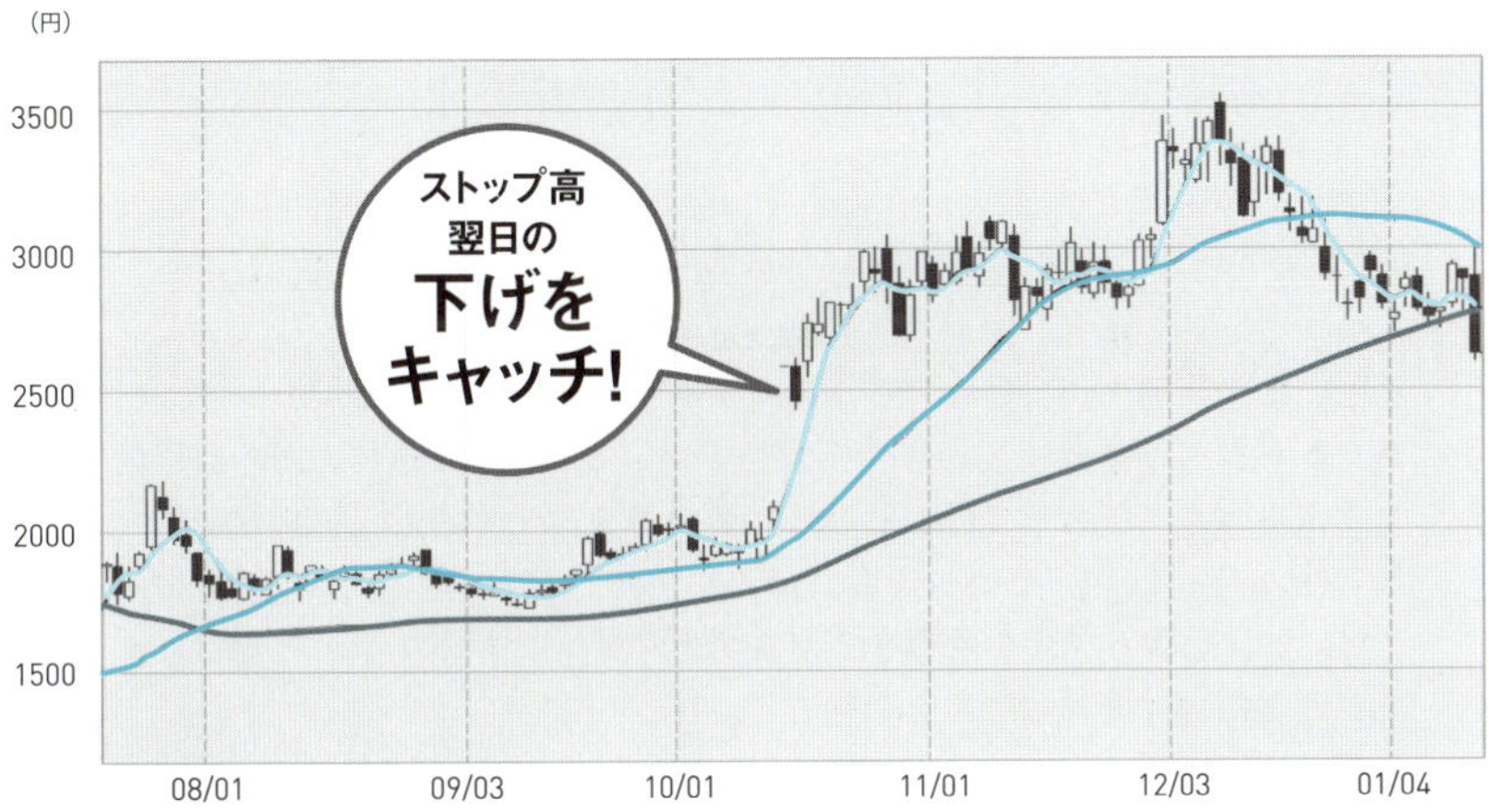

結果

プラス5万4300円

勝因

2018年10月〜12月の間で75%も上昇しました。その一部期間を取れた感じですが、荒れてる相場の中だったので、上出来だと思います。有利子負債ゼロで、業績好調、個人投資家の間でも人気株でしたが、2018年12月10日に高値をつけたあと、株価はずるずると下げ続け、2019年4月12日に19年5月の通期予想を経常利益で23%も下方修正しました。それまで好調な数字しか見えてなかっただけにショックは大きく、翌日はストップ安に。わたしもどこかのタイミングでまた買いたいなーと思っていたので、うっかり手を出さなくてよかったと思いました。業績の悪化を、株価が先に織り込むということはよくありますね。

本日の教訓

貿易摩擦問題もなんら解決してないし、イギリスのブレグジットもハードランディングするかも、という懸念があります。まだまだ油断できませんので、買い増しはぐっと我慢。

まさかの第三者割当増資に巻き込まれ大損

10月
29日
(月)

新興ひどいね。とくにヒケ前の15分で売りが加速しました。連日10%レベルで下げてると、追証すぐに発生しますから、その売りが出てると思います。個人的には、この投げ売りと一緒に売るのは避けたいとグッとがまん。今日は、先週の反省を生かして、寄り付きの上がったところでいくつか売っておいたのと、逆指値を念の為さしておいたのが功を奏しました。といっても、いろいろさらに下げてますけどね(涙)。いよいよ、今年の利益がすずめの涙ですが、年末の反発に向けて、資金だけは確保しておく所存です。

新規

【東証1部】

コムチュア

[3844]

3850円
×
100

指値買い

先日上方修正を出して、本日決算。4000円を割れたら買いたいと思って指値注文だしたら買えたのはいいんだけど、今日は10%近くの下げ。

決算またぐの怖いですもんね。

すでに中間決算の数字はわかってるので、とりたてて反応しないと思ってるんですけど、リスクヘッジのために、ヒケ前に信用売りで両建てしました。

その後

10/31　3435円×100　成り行き買い増し

決算で売られました。

決算前に2Qの上方修正を先に出していたので、決算の数字にサプライズはないのですが、相場の悪さに引きづられたかと。

11/6　3520円×100　指値買い増し

12/4　3455円×100　指値買い増し

12/25　2351円×400　成り行き売り

底打ちの合図と思い買い増し。

バリューコマースと同様、昨日長い下ヒゲつけてますので、

3844　コムチュア　東証1部

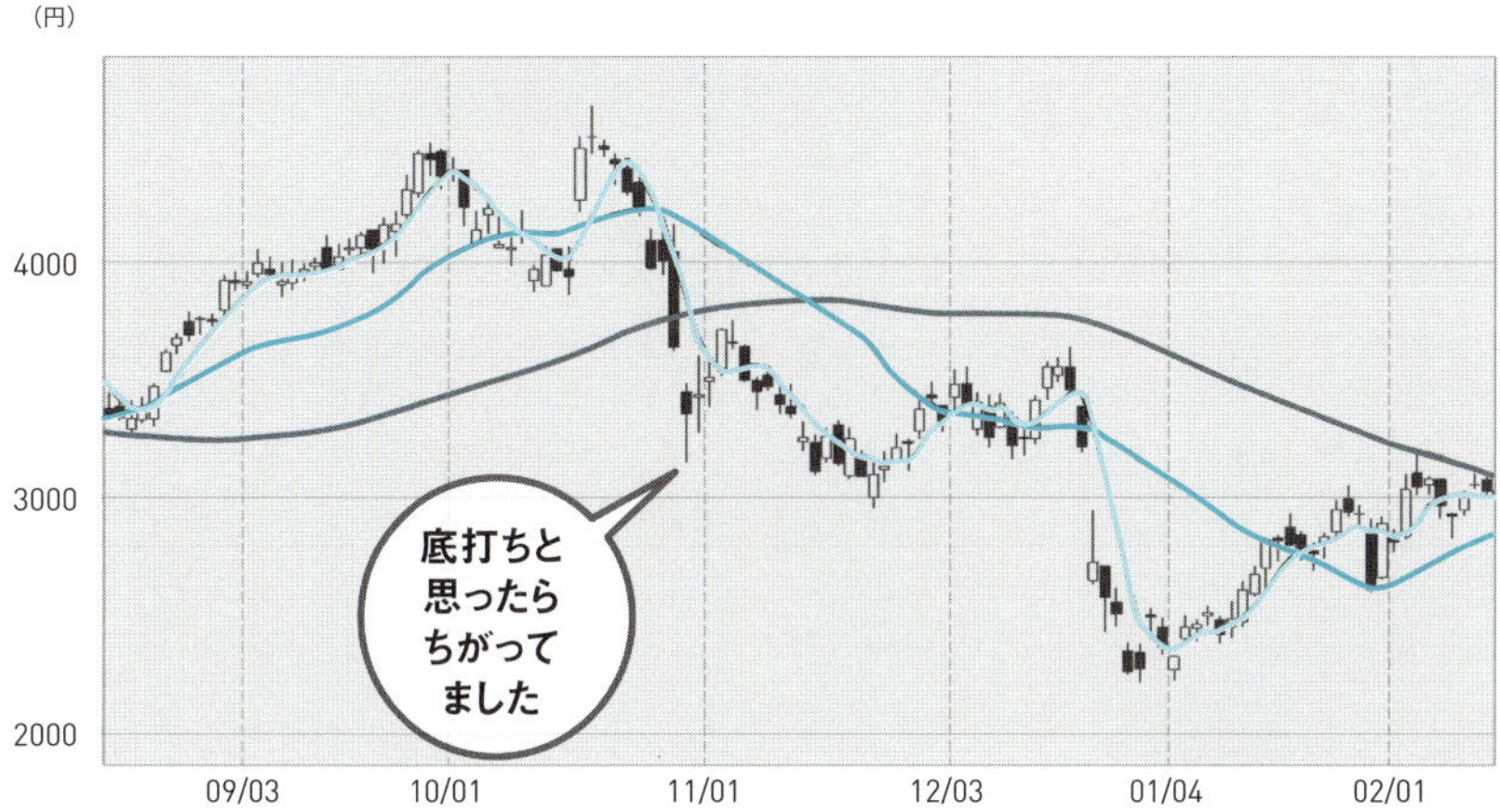

結果
マイナス48万4400円

敗因

第2四半期決算で売られたのを売られすぎと思って買いました。第3四半期に向けて思惑通りに上がっていったのですが、12月18日に通期予想を上方修正！　と、それだけならよかったのですが、同時に第三者割当増資を発表。翌日は、思いっきり売られました。そこから相場の悪さあって、回復せず撤退。

増資の発表はいきなりくるので、保有していたら被弾したと思ってあきらめるしかありません。ただし、増資した資金をきちんと利益に還元できるのであれば、大きく下げたところはチャンスになります。

コムチュアもこの後、時間はかかりましたが、2019年4月には、増資発表前の株価まで回復しました。

本日の
教訓

今週月曜までは、ついに〝年間損益負けなし〟の看板を降ろさなきゃいけないかも！って思ってたくらいですから、あまり欲張らずに行きますわ。にしても、一気にこの2日間で市場のムードが変わったよね。ツイッター見てたら月曜の朝は、いつもつぶやいてる人があまりつぶやいてなかったりして、死んだ？と思ったけど、昨日からまた復活してました（笑）。よかった。

好決算で売られるよくあるパターン

10月31日（水）

今日もよく上がりましたね。日経平均、TOPIX、マザーズ、ジャスダックすべて5日移動平均線の上にロウソク足が乗ってきました。昨日の大陽線が底の合図ととらえてよさそうです。とはいえ、10月の暴落の要因と考えられてる①世界経済失速懸念、②米中貿易摩擦の悪化、③アメリカ10年国債の金利急騰への警戒などは、なんら片付いてませんから、とりあえず売られすぎで買われてると思いますが、ここから高値を超えていくというのは考えづらい。個人的にはそこそこの資金を投入して、年末までなるべく減らさず、少しでも増やせたらいいかな。

新規

【東証1部】バリューコマース

［2491］

1550円×200 成り行き買い

1507円×200 指値買い

第3四半期決算、好決算にかかわらずストップ安で20％下げました。ちょうど新興株が投げられてる日だったので、地合いの悪さもあったと思います。

昨日長い下ヒゲが出てましたので、今日は寄り付き前に成り行き注文。少し下がったところで買い増し。どこまで戻るかなー。

2018年の高値2500円はちょっと遠すぎるので、26週移動平均線の上、2000円をひとまず目標にします。損切りは1400円割れ。

その後

11／1　1515円×100　指値買い増し

11／8　1601円×100　指値買い増し

決算後の急落からそれほど株価は動いていないけど、ちょっとずつ上向いてる感じはします。

少しずつ仕込んで現在600株になりました。

12／4　1495円×100　指値買い増し

12／5　1485円×300　成り行き売り

これも決算で投げ売りされたあと、じわーり上がってきてるんですけどね。400株残してます。

12／7　1620円×400　指値売り　利確

2491 バリューコマース 東証1部

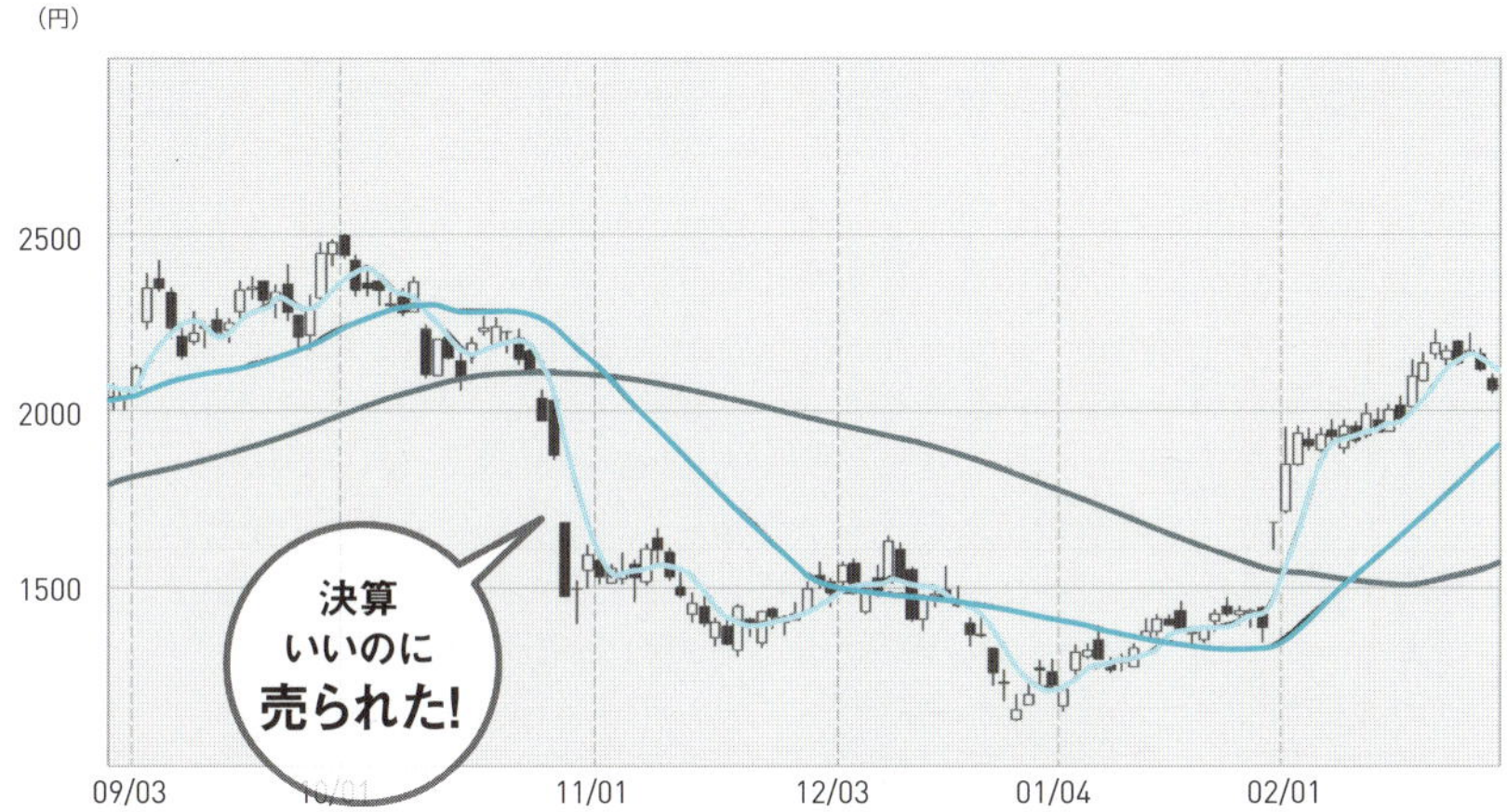

結果

プラス2万1000円

ラジオで値上がりランキング上位に上がってきたので慌てて確認して売りました。1日で10%以上上がったときは一部、もしくは全部利確することにしています。先日半分売ってしまってたのが悔しいところですが仕方ない。

半分残してた自分グッジョブ!と思いましょう。

勝因

第2四半期決算発表前の7月20日に通期予想を上方修正、10月26日に第3四半期決算を発表。経常利益で進捗率82%と好決算にもかかわらず材料出尽くしで急落。大きく売られたところで拾いました。

その後、少し戻すのですが、最後に売った12月7日を高値に、また大きく下がってしまいました。そういう意味で、深追いせず10%上がった日に全株売却したのがよかったです。

相場が荒れてるときは、欲を出さずこまめに利確することが大切。

本日の教訓

暴落のたびに信用やってなくてよかったと思います。信用買いでレバレッジかけてたら、あっという間に資金溶けてましたね。株を長く続けるためには、安全第一で。

なくしたブレスレット分を取り返す！

11月14日（水）

朝、出かける前につけた覚えがあるブレスレットが、なくなってます。何年か前のクリスマスに、自分にプレゼントしたお気に入りの……。悲しい。今日はピラティスもしたし、ゴルフもしたし、移動も多かったのでどこかで落ちたとしたらもう諦めるしかない（泣）。これで株が上がってるならまだよいけど、下がってるし….。つらい。くら一い気持ちで書きますね。マーケットは、日経平均とTOPIXはかろうじて反発。マザーズ、ジャスダックは続落。アメリカの中間選挙が終わったら、年末に向けて上昇するかと思ってましたが、ちょっと雲行きがあやしい。

新規

【ジャスダック】

クレステック

［7812］

1620円×200

指値買い

昨日決算発表した銘柄。1Qの決算で経常利益の前年同期比55・1％、通期予想に対する進捗率33％（平均18・5％）と非常に好調です。

このまま順調に行けば、通期一株益200円超えてもよいと思うので、控えめに見積もって10倍の2000円を目標株価にします。損切りは1550円割れ

その後

11/16　1693円×100　指値買い増し

こちらは堅調。

11/20　1900円×100　指値売り　利確

目標株価は2000円ですが、堅実に一部利確。これも決算プレイがうまくいった数少ない事案。

11/21　1900円×100　指値売り　利確

今日もけっこう上がったんですね。2000円まであと一息。

11/26　1970円×100　成り行き売り　利確

こちらは決算後の10日間でざっくり20％利益が取れたので、決算プレイとしては大成功。

次の決算に向けて、大きく下げたら再度インしたい。

7812 クレステック ジャスダック

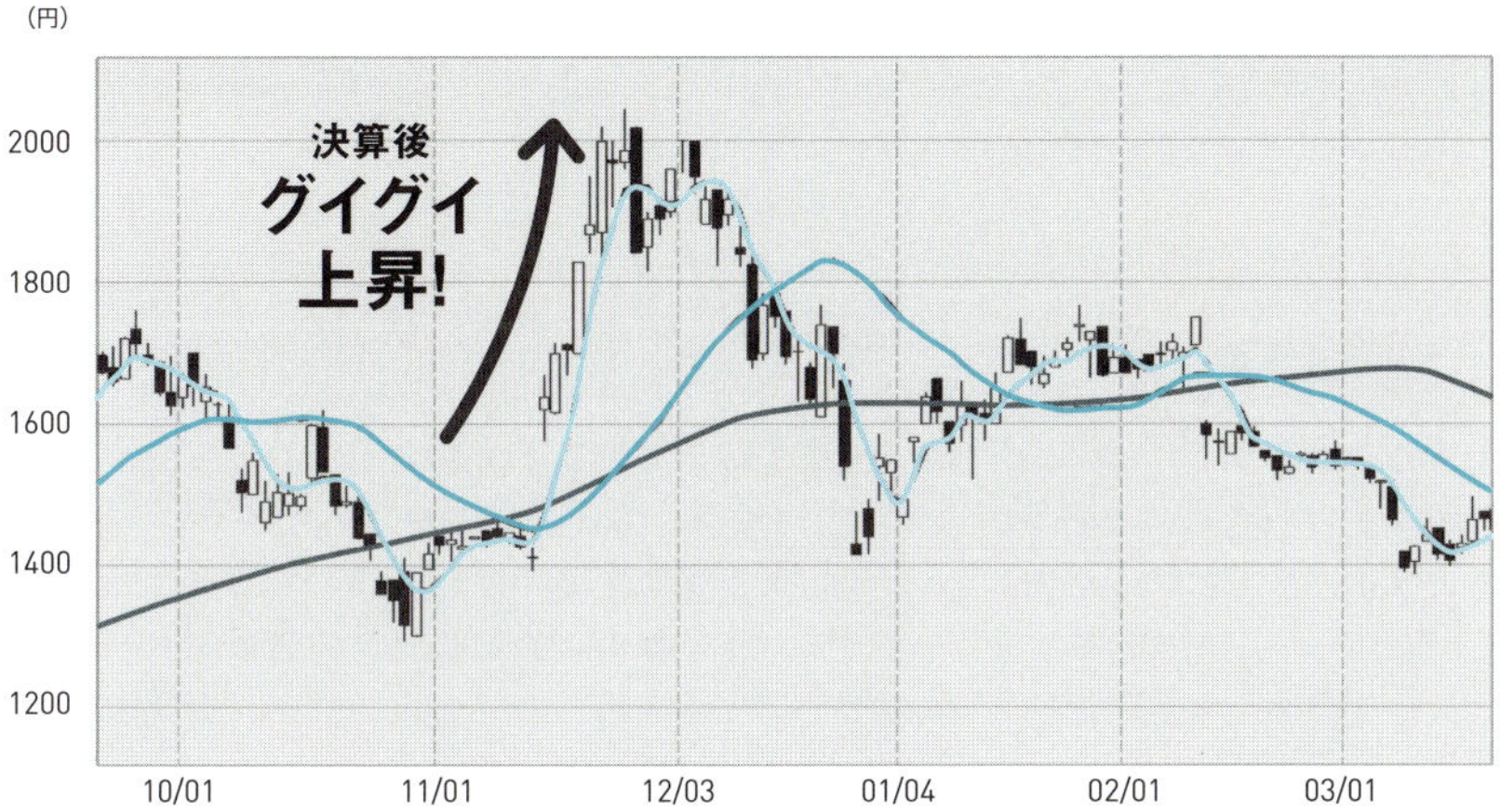

本日の
傾向と対策

景気の先行きに対して、みんなが不安に感じてるんでしょうかね。

値上がり599、値下がり2855

高値更新16、安値更新235

いやー、きつい。とはいえ、決算のいいものなどは、拾っていきたいですよね。

相場が落ち着いてきたら、上がっていくと信じて。

勝因

企業の製品取扱説明書や、機械の修理マニュアルなどを制作しているユニークな会社。取扱説明書やマニュアルを、まずデータ化するところから取り掛かるそうですが、これはけっこう手間がかかるので参入障壁が高いだろうなと思って買いました。決算で急騰してますが、PERでもまだ割安感があり、うまく決算プレイに飛び乗ることができました。サクッと利益確定できたのもよかった。スマート。

結果

プラス8万3700円

“値を戻す”という甘い考えが損失を拡大

11月
19日
(月)

さて、週末のアメリカ株はマチマチでしたが、なんとかグッと耐えた感じでしたね。ドル円が112円台と円高に触れていたので心配でしたが、下げることなく小幅ではありますがしっかりでした。とくにマザーズは強かったですね。値動きの軽い小型株に資金が向かってるようです。わたしの保有株の中では、決算後に買ったクレステックが7%超上げてくれたのが救いです。値上がり2137、値下がり1267、年初来高値24、年初来安値309！　いやー、年初来安値が多いね。まだまだ株式市場が本調子に戻るのは時間がかかりそうです。

新規

【東証1部】
フォーカスシステムズ

[4662]

1100円
×
200

指値買い

11月9日に2Q決算発表をして進捗率の良さ（5年平均25・8%のところ、今期は58・4%）が見直されて買いが入ってるようです。決算直後の高値までもう少しで届きそうですので、そこを抜ければスルッと上に抜けていくんじゃないかな。

チャート的にも800〜1000円のレンジを上に抜けてきた感じです。目標株価1300円。損切り1000円割れ。

その後

11/22　1093円×200　指値買い増し
たまたま四季報オンラインの本日更新記事で、横山利香さんが取り上げてましたね。https://shikiho.jp/tk/news/articles/0/250985　高値更新してる数少ない銘柄です。

11/26　1106円×100　成り行き買い増し
5日移動平均線に沿っていい感じの動きです。

11/29　1120円×400　指値買い増し

12/3　1100円×200　指値買い増し

12/4　1072円×200　逆指値売り　損切り
ちょっとずつ買い増ししてた銘柄が、ずるずる下げてやな感じです。
またちょっとずつ損切りしていく展開か。あまり引き伸ば

4662　フォーカスシステムズ　東証1部

すと戻すのに時間がかかるので、今は早めに売ったほうがよいのかなー。

12/5　1042円×500　成り行き売り　損切り

昨日までズルズルさげて損失が5%近くになってたので、ざくっと売ることに。

寄り付き前に半分成り行き注文出してました。

1070円×400　成り行き売り

思いのほか上がってきたので、全株売却。

5日移動平均線におさえられてまた下がってくることを懸念して。

結果

マイナス5万3800円

敗因

公共向けシステム開発に強みを持つ会社。2018年はセキュリティ関連銘柄としても物色されました。

好決算で窓を空けて急騰。その後の短期的な調整で5日移動平均線についた押し目近辺のタイミングで買ったのはナイスでしたが、売りタイミングが悪かった。好業績なため、下がっても戻るだろうとたかをくくって売り時を逃しました。

さらにその後、ずるずる下げて1000円を割れちゃいましたので、これでもまだよかったと思うべきかもしれません。

信用売りの買い戻し期待が外れました

11月
29日
(木)

アメリカ株強かったー！　パウエルさんの講演で、アメリカの利上げが抑制されそうな感じだったので、株価にはプラスに働きました。

債券の金利が上がると、株を売って債券が買われます。

金利が上がらない場合は、株が買われます。

逆に金利が上がらないと通貨は売られますので、若干ドル安円高に振れましたが、それほど大きなものではなかったのでよかったです。

新規

日本電気【東証1部】

[6701]

3495円×100
指値買い

ご存知NEC。意外なことに、高値更新中で強いです。

5G関連銘柄としての本命。

高値を取っていて、信用倍率が1倍以下の銘柄はないかな？というところから、NECに至りました。

月足で見るとかなり長い間もみ合ってますね。

ここから上昇トレンドに乗れたら、わりと大きな相場になるのかも。

目標株価4300円。損切り3300円割れ

その後

12/3　3465円×100　指値買い増し
12/4　3430円×100　指値買い増し
12/5　3400円×100　成り行き売り　損切り
　　　3425円×200　成り行き売り　損切り

今日は強い動きでした。

25日移動平均線が押し目として意識されてるようです。

が、無駄に損失を大きくして売れなくなるのがイヤなので、まだあまり損失がないうちに売って、また押し目まで下がったときに買い戻そうと思います。

6701　日本電気　東証1部

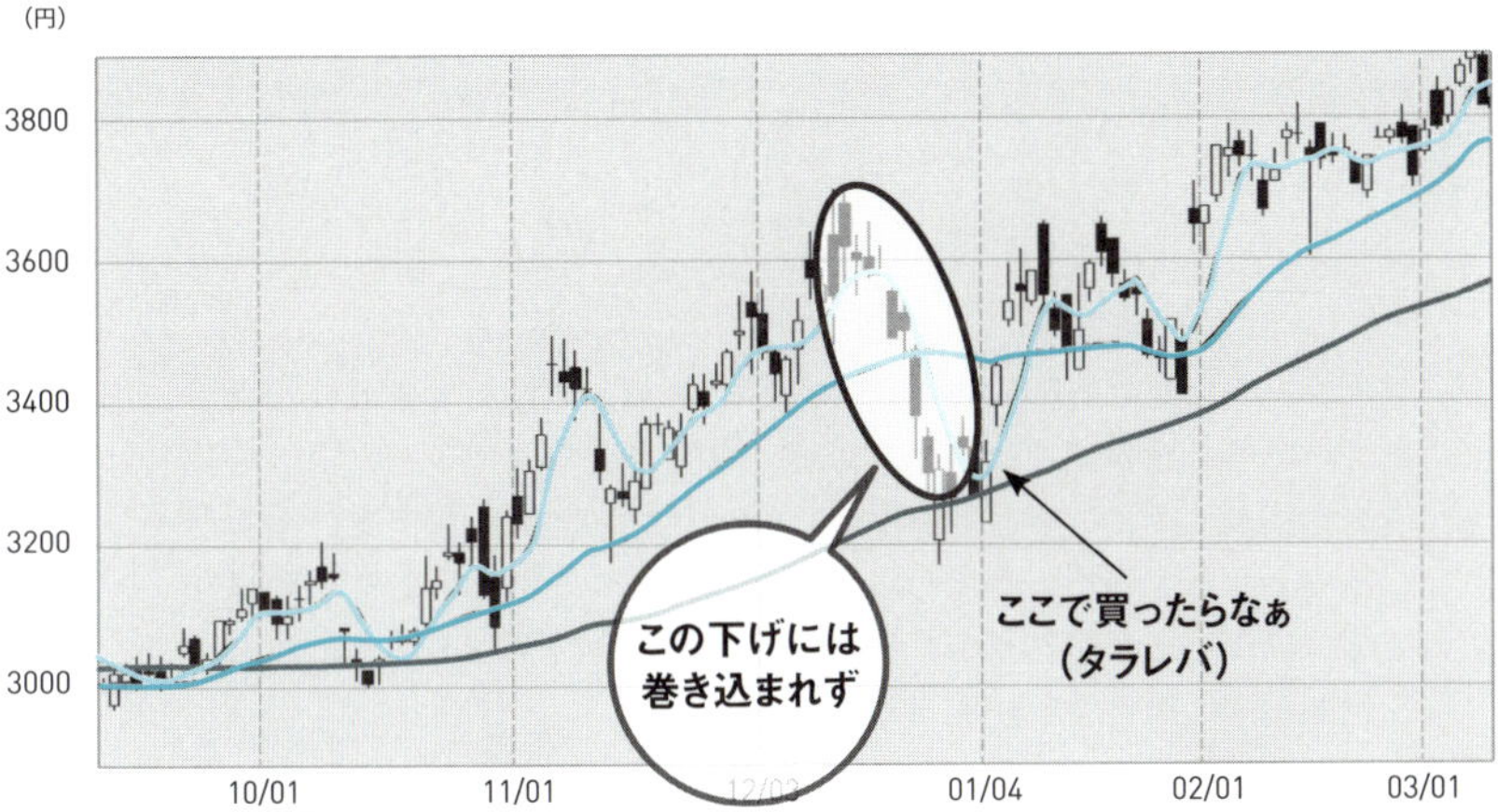

本日のQ&A

Q：マイルールは、過去の失敗例や成功例をもとに、されているのですか？　それとも、いろいろな投資家さんの経験か、投資の教科書から、決めているのですか？　例えば、信用取引は行わないとか、値がさ株を買うときは慎重にとか、損切は早めにとか……。

A：マイルールは、これまでの経験値によるものが大きいです。とくに損切りのルールは、人によってリスク許容度が違うので、人のルールはあまり当てになりません。あと、マイルールは、経験を積んでいくうちに変わっていくものだと思います。何度か試してみて、微調整していくといった感じです。

結果

マイナス1万4000円

敗因

普段はほとんど買うことのない大型株ですが、5Gの本命とにらんで購入。19年3月期は減益予想でしたが、それはすでに折り込み済みで、20年3月期には大きくV字回復すると期待されており、株価はきれいな上昇トレンドです。

12月は全体相場の悪化で、深く調整する場面もありましたが、75日移動平均線をサポートラインとして現時点（2019年4月）も堅調。こういう銘柄は、ジタバタせずにどっしり持っていればいいんだよなー。

財務盤石の低PER銘柄でも相場荒れすぎで無理

12月
7日
(金)

今日は5年ほど通い続けている整体の先生のところへ行ってきました。どこか具合が悪いというわけではなく、定期的なメンテナンスです。ゴルフを始めたことは言わずに施術してもらってたんですが、途中で気づかれましたね。さすがです。さてさて、昨日のアメリカ株は激しい動きだったみたいですね。途中、NYダウが600ドル以上下げることがあったとか。そこを見てたら寝られなくなりそうですよね。最終的には79ドル安まで値を戻し、NASDAQは上げて終了。ということでわりと楽観的に寄り付きを迎えられました。

新規

【東証1部】小松ウオール工業

［7949］

2003円
×
100
指値買い

少し前に四季報オンラインで紹介しました。

買った理由はそちらに書いてるのでよかったら読んでください。

https://goo.gl/78TmJQ

2000円が底値だと思っているので、2000円のちょっと上で指値を出してました。

目標株価2100円（高値でトレンドラインを引いた延長線）、損切り1950円割れ。

その後

12/10　1992円×100　指値買い増し

この辺りが底だと信じてる。

12/25　すみません。

なんて書こうか、少し手が止まってしまいました。

日経平均株価1010円下げ。

年初来安値更新銘柄が1600以上って、これはリーマンショック以上の異常な数値らしいですね（以上と異常をかけてみました）。

今晩アメリカ株は休みですから、明日はおそらく様子見になってしまうと思うのですが、個人的には、もうね、リバ

7949　小松ウオール工業　東証1部

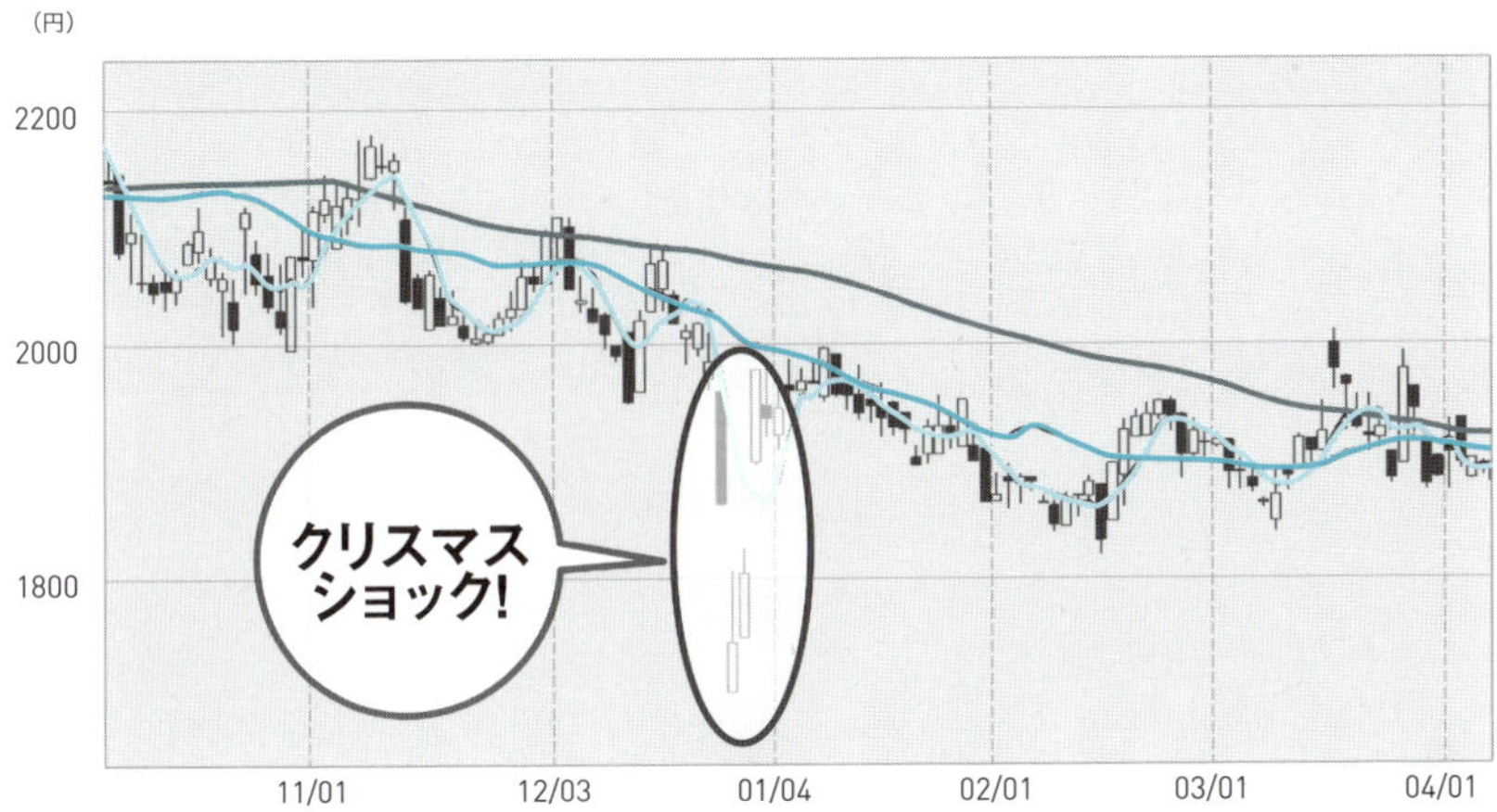

ウンド来ていいと思う。

先日の決算セミナーで少しお話したんですが、テクニカル的には売られすぎの指標が多数出てます。

ここまで下げたら短期的な上げは、もうね、くるから。

もうちょっと耐えて。

信用買いでなければ売るならそこで。

1704円×200　成り行き売り

結果

マイナス5万8700円

敗因

2000円が底と信じて買ったのに、あっけなく割って売却。

12月25日は大暴落した日なので仕方ないですね。

オフィスの間仕切りなどを作る会社。有利子負債ゼロの無借金会社です。残念なことに、このあと大阪の支店長が原価の付け替え疑義が発生し、投資先としては疑問を感じるようになってしまいました。企業にとっていちばん大事なのは信用ですから、こういう不祥事は痛いです。

本日の教訓

「暴落もまた楽しめるくらいの余裕を」

って無理ですね。

COLUMN

負けないための銘柄の選び方

ポイント1　知らない会社（ビジネス、業界）には手を出さない

負けないためには、自分が勝ちやすいフィールドで戦うというのも重要です。日本では約3,600社の企業が上場していますので、まったく知らない、想像もつかない業界や、ビジネスを展開する企業の株を買うより、自分にとって身近でわかりやすいものを選ぶほうがスマート。なにより株が下がってきたときに、その企業のやっていることが理解できていないと、下げている理由が個別の要因なのか、全体相場に引きずられてなのか判断できません。ただ単に人気株というだけで手を出すと、本文でも紹介したサンバイオのように大やけどを負うこともあります。ご注意を。

ポイント2　日常生活からヒントを得る

どんなライフスタイルの人でも、何かを買って生活しています。普段よく自分が利用するものや、最近なぜか気になる、使いだした、行くようになったというサービスがあれば、そこにヒントがあります。

株が上がる大きな要因は、その会社が“儲かっている”こと。わたしたち個人投資家が、それを実感できるのは、日々の生活にあります。やたら難しい株本を読むより、街中に出かけて、行列や流行りをチェックしたほうがよっぽどチャンスに出会いますよ。

ポイント3　まずは会社四季報を読んでみよう

個人投資家のバイブルと呼ばれる“会社四季報”。誰でも手に取ることができる株のカタログです。ここには上場している企業がすべて同じフォーマットで紹介されていますので、銘柄選びに行き詰まったときは、とりあえずペラペラとめくってみます。きっと「こんな会社があったんだー」という発見がありますよ。

とくに四季報の記事欄は、四季報記者の思いがギュッと詰まった逸文が多く、行間からその企業がよいのか悪いのか感じることができます。

ポイント4　急騰株の後出し手法

決算などで翌日窓を空けて急騰した銘柄が、いったん下がってきたところをすかさず拾う作戦。急騰したところをキャッチするのは、高値づかみのリスクが高いですが、いったん下がってきたところで買うと、下がるリスクはそれほど大きくなく、なおかつ好業績であれば上がっていく可能性は高くなります。決算プレイで、初心者の方でも利益を取りやすい手法なので、ぜひ取り入れてみてください。

ポイント5　人のうわさ（SNS）を聞き耳、のぞき見

賢く利用すれば、銘柄選びのヒントになるSNS。飲食店や、アパレルなどは、流行り始めの初期段階で、ツイッターやインスタグラムでの登場回数が増えてくることがよくあります。最近やたら目にするお店や商品があれば、実際に自分で試してみたり、そこに行ってみるとよいでしょう。

過去の例では、いきなりステーキや、串カツ田中、鳥貴族、ワークマン、スタジオアタオなど、株価が急騰する前からSNSで盛り上がっていたお店はたくさんあります。

第6章

わたし、感じるんです、大儲けの予感！

2019年1月〜3月

1月
4日
(金)

決算短信は受注残高を見よ

さて、本年最初のメルマガになりますので、明るい話で始めたいところですが、相場はわたしの気持ちなど無視して大幅下落で始まりました。昨日のアップルの下方修正と、アメリカのISM製造業景況指数が、前月より5ポイント以上も悪化したことが嫌気され、NYダウが△660ドル。さらにドル円が107円台まで円高進行。米中貿易摩擦の悪影響が、数字ではっきり現れてきましたね。まあ、この状況ですから日本株は下げるのは仕方ないです。アップル関連と、中国関連は軒並み売られました。

新規

【東証1部】乃村工藝社

［9716］

2465円
×
100
指値買い

イベントのパビリオンや、ディスプレイなどを手掛ける業界大手。先日の決算、受注残高急増で株価急騰。その後、相場の嵐に巻き込まれ毎日下げてました。今日は、それほど上げてなかったので買いやすかった。目標はとりあえず半値戻しの2800円。損切りは直近安値割れ。

2398円×100　指値買い増し

その後

1/11　2880円×200　指値売り

1日で10％以上上がったのでマイルールに従い売りです。わりと今日の高値近辺で売れたので満足。また下がってきたら買います。

結果

プラス8万9700円

勝因

受注残高が順調に伸びているのを確認して、よいタイミングで買えた大成功銘柄。このあと、3300円まで上昇しましたが、1日で10％以上急騰した銘柄は売ると決めてるので、納得できてます。残念な

9716	乃村工藝社	東証1部

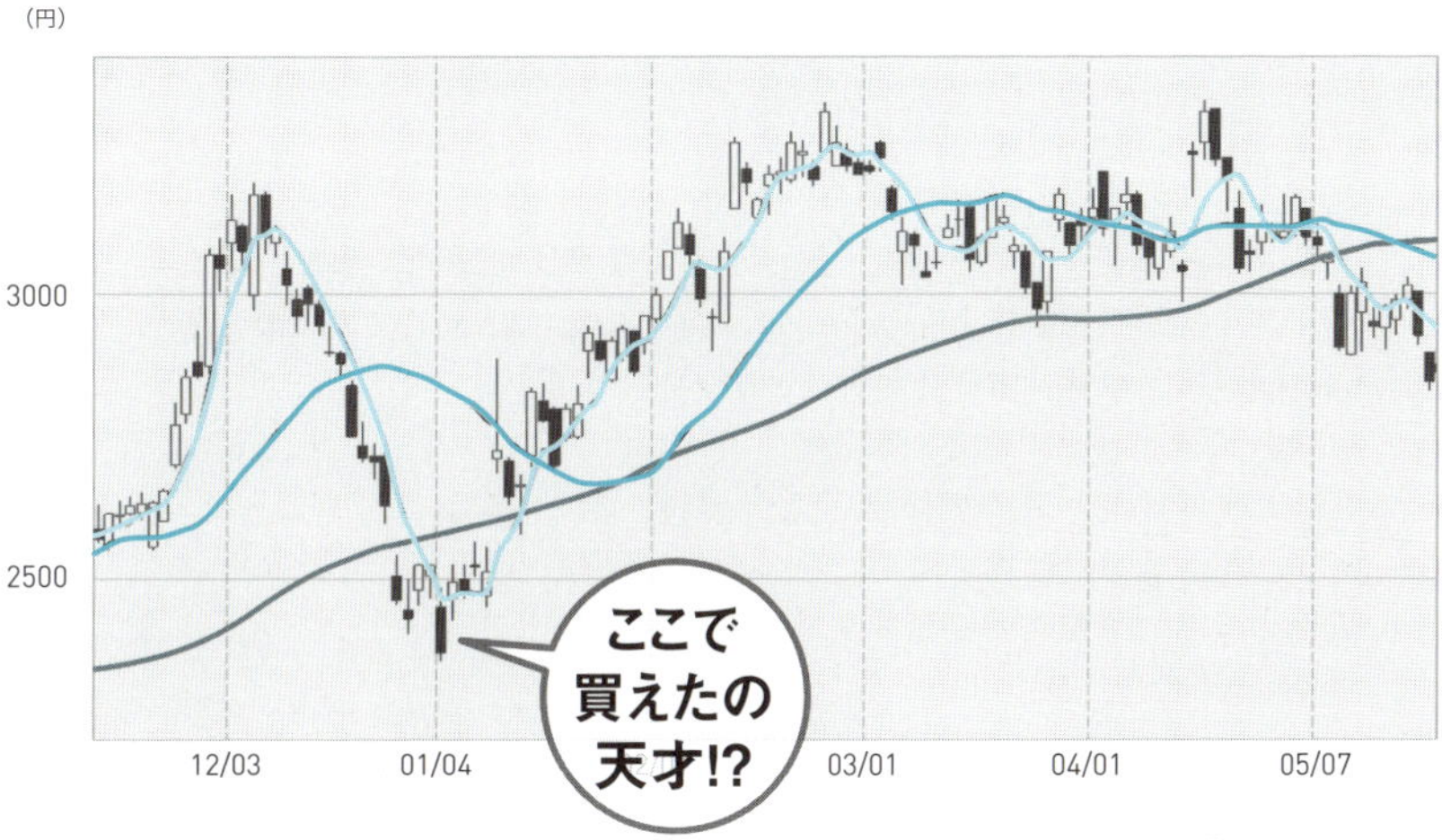

がらこのあと下げてくれず、買えないままでした。

本日の
後場

本日は後場だいぶ下げ渋りました。一時は日経平均株価８００円以上下げてましたが、最終的には△４５２円まで戻りました。あのマザーズはなんと＋１・85％。

個人投資家のみなさま、案外買い意欲があるのね。

わたしは、去年末までに現金比率を70％まで高め、日本株は10％程度、その他海外株式&債券で20％といった感じのポートフォリオに調整しました。

なので、このボラティリティが高い相場でものんびり構えてます。

もちろん、いずれまた買い向かうべきときのために、虎視眈々とチャンスをうかがってますけどね。

今年は、とにかくムダ買いしないように銘柄選びをより慎重にします。

去年はきつい相場でしたが、その反面、いろいろ勉強にもなりましたし、勉強せざるを得ないこともたくさんあって、結果的には必要な試練だったと思います。

株ってむずかしいということを改めて思い出させてくれました。

だからこそおもしろい！（レッツ前向き！）

暴れる株はクセを見破れ

1月
22日
（火）

さて、今日はやっぱり下げましたね。そんな大きな下げではないですが、アメリカ株がお休みだったので、日本株だけだと上に行けないといった感じが如実に出てたと思います。

今晩のアメリカ株次第で、明日持ち直すか、ここから下げに転じるか。

今日は売買代金が2兆円割れと少ない展開。

とはいえ、わたしが株を始めたときって8000億円くらいだったからな。

それに比べればぜんぜん活発ですけどね。

日経平均　20622.91 - 96.42

新規

【東証1部】
サニーサイドアップ

［2180］
1350円
×
200
指値買い

ちょっと勇気を出して買いました。

四季報オンラインの連載記事にも書きましたけど、いろいろ大きなイベントを扱ってるんですよね。

ラグビーのワールドカップも手がけるそうだし、次の決算で上方修正出してくるんじゃないかと睨んでます。ただ、高値追いはしたくなくて、もう少し待ったほうがよかったかなー。

待てない女なの。目標株価1700円、損切り1270円。

その後

1／24
1330円×200　指値買い増し
1290円×100　成り行き買い増し
今日、一時6％くらい下げてどした?と思って見たら、9時19分に大量の売りが出てそのタイミングで指値がささりました。誰かがまとめて売ったんでしょうね。
ただ、そのあと急速に買い戻しが入ってたので、100株だけ買い増し。
明日、今日の安値を割るようなら売ろう。

1／25
1267円×200　逆指値売り
昨日の安値を割ったところに逆指値さしてたらささって、そのあと戻し、上げて終わりました（涙）

2180	サニーサイドアップ	東証1部

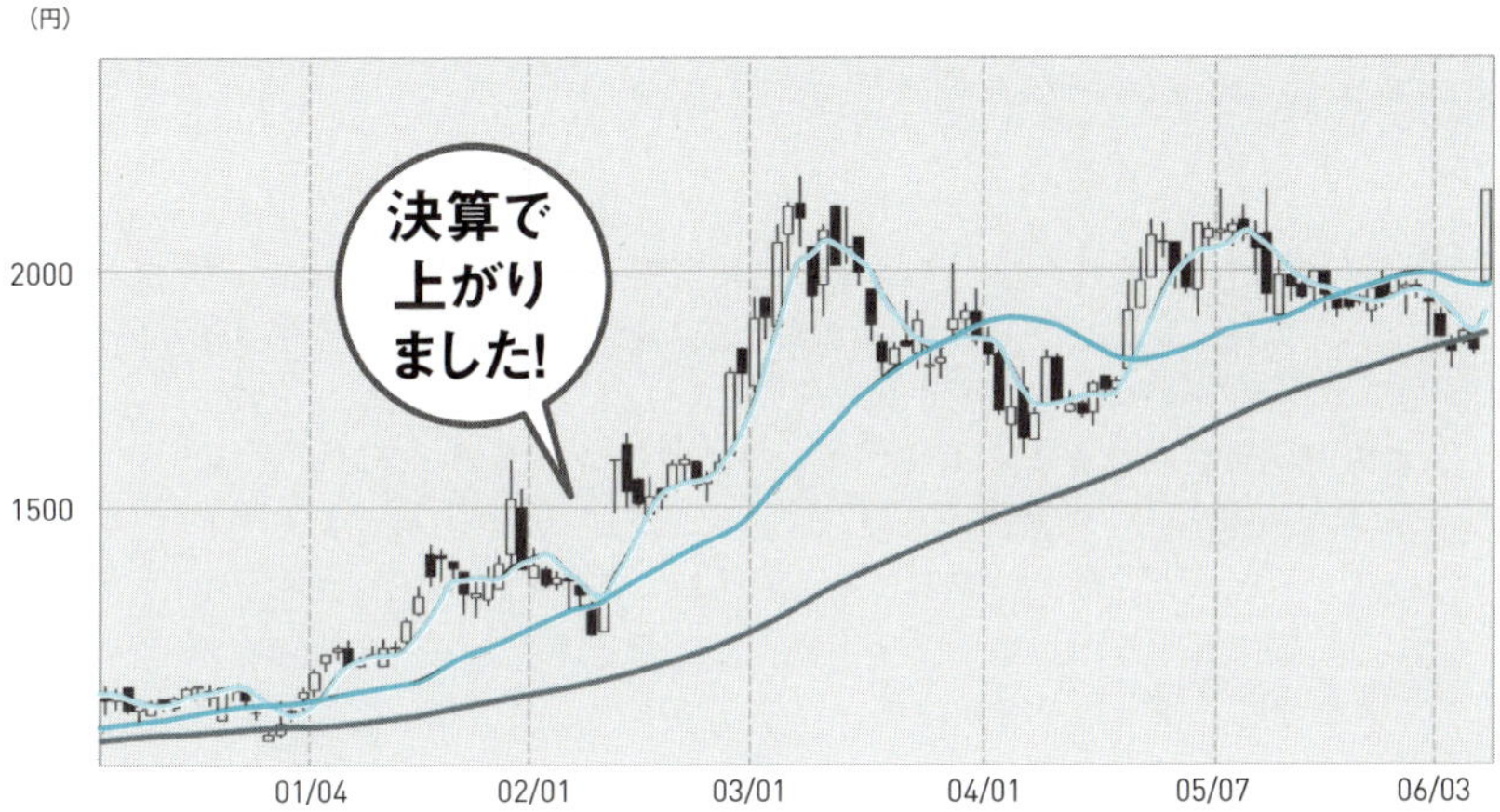

だけど、これでいいの。
安値を割ったら売るのがマイルール。

1/30 1545円×200 成り行き売り
本日12%も上げちゃったので、100株残して利確。
トータルで15%くらいの利益です。
決算前にもっと下がるか、決算に向けてすごく上がって、決算で売られるか、いずれにしても下げたら買いたいです。

2/25 1547円×100 成り行き売り

結果

プラス5万2100円

勝因

保有している間の1か月間、けっこう値動きが荒かったのでヤキモキしました。最終的には利益が取れてますが、途中でいちばん下げたときの安値で損切りもしており、一筋縄ではいかない銘柄でしたね。

一時的な安値に耐えられたのは、業務内容がわかりやすく、自分なりに理解できていたことですね。サニーサイドアップが手がけた商業施設なども馴染みがありましたし。

あとは過去の値動きから、大きくあげて、大きく下げてを繰り返すクセがあるのは把握してたので、ある程度覚悟できていました。

損切りを先延ばしすると ろくなことがない

2月
1日
(金)

今日は寄り付きからしばらくは強かったですが、その後失速しましたね。決算銘柄は動いてるみたいですけど、全体的に弱いというイメージ。利上げ延期はアメリカ株にとってはいいですが、ドルは売られますので円高になります。そうすると日本株にはネガティブですよね。いやー、しかし、サンバイオ今日もストップ安。これ、売りたくても売れない状況が3日。信用買いしてた人は、追証になる人もかなり出てきてるでしょうね。もし自分が持ってたらと思うと、生きた心地がしないかも。やっぱり信用は怖い。

新規

【東証1部】

JBCCホールディングス

[9889]

1610円×200

指値買い

昨日の決算銘柄。去年（2018年）の後半、買ったことがある銘柄です。わたしが買ってから下がり始めてましたが、昨日の決算を受けて今日は上げてますね。ずいぶん株価が切り下がっていたのでここから反転となるか？ 3Qの経常利益の進捗率が84・2%と非常に好調です。こういう場合、好調なのに上方修正なし？とネガティブに取られることもありますが、今回は自社株買いも同時発表してますので、ポジティブに取られました。上がってますね。目標株価は直近高値の1850円。損切りは1550円

その後

2/4 1680円×100 成り行き買い増し

2/5 1718円×200 指値買い増し

2/6 1702円×200 指値買い増し

いい感じ。現状700株まで仕込みました。平均購入単価1679円なので、できれば1700円以内であと300株

2/7 1680円×200 指値買い増し

1700円以下で仕込めました。

3/5 1580円×200 逆指値売り 損切り

直近の安値を割ったので仕方ない。決算失敗銘柄!?

3/6 1550円×200 逆指値売り 損切り

9889 JBCCホールディングス　東証1部

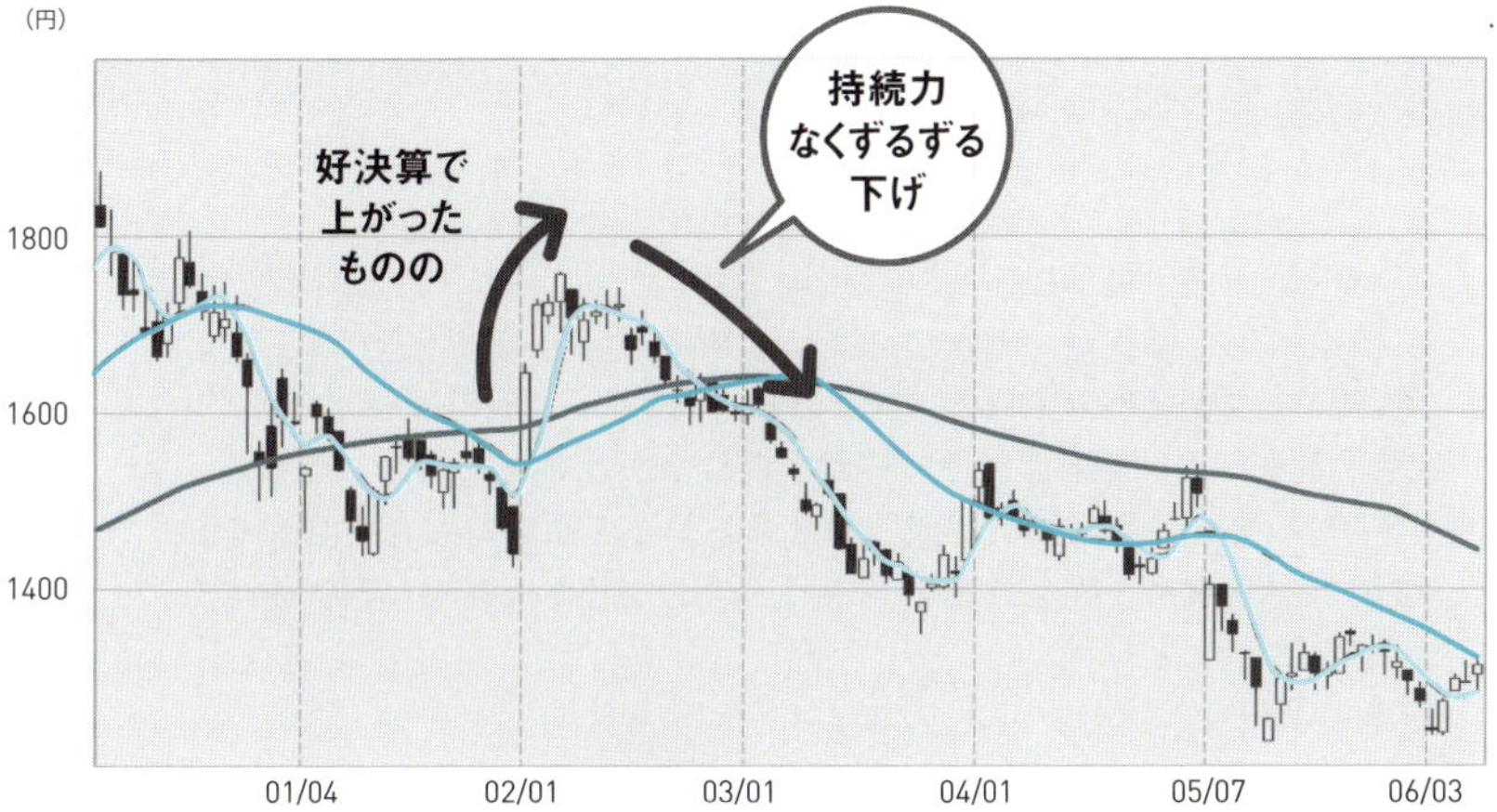

昨日よりさらに下げてしまいました。自社株買いが終了したからかなー。いちばんポジション持ってたのが下げてくると凹みますな。

3/8　1503円×300　逆指値成り行き売り　損切り
3/13　1446円×200　成り行き売り　損切り

本日4%下げて完全にチャートが崩れてきました。決算発表前の安値に戻ってますから、これは完全に失敗です。すべて売り切って反省します。

結果
マイナス14万3900円

敗因

決算と同時に自社株買いも発表され、正当に上がっていくと読んで買いましたが、2月6日が決算後の高値でその後、決算前を割り込んで下がっていきました。ITインフラを構築する会社で、業績は好調ですので、決算を割り込むほどに下がった理由はわかりませんでしたが、この後4月26日に発表された会社の20年3月期予想は減益でしたので、それを先に折り込んでいたのかもしれません。最初に決めた損切りライン1550円で、一部売れてますが、残りがさらに7%も大きく下げたときに全株売却となったので、負けが大きくなってしまいました。潔く損切りラインで全株売れなかったのが大きな敗因です。

物色テーマをタイミングよくトレード

2月
1日
(金)

今夜のメインイベントはアメリカの雇用統計と、ISM景況感指数です。結果がよければ週明けの日本株は上昇しそうですね。
とくにISM景況感指数は、前回大きく低下して株価に影響を与えましたから、それが一時的なものであれば、かなり株式市場は楽観的になれると思います。
(結果、雇用統計もISMも前回より数値がよく週明けの日本株は上昇しました)

新規

【東証1部】
電算システム

[3630]

2320円
×
100

指値買い

キャッシュレス関連銘柄。スマホの決済の収納代行などを行っています。決算短信をさらっと読むとグーグル関係のビジネスが好調のよう。こちらは円高になると有利って書いてあるので、現状、円高傾向にある分、いいよね、って思います。

昨日18・12期の本決算を発表しまして、会社予想、さらに四季報予想よりも上振れて着地しました。今期予想も拡大してます。が、いまいち株価の反応はよくなく、もっと期待されてた?

とりあえず25日移動平均線あたりで試し買い。

この株は、ボラティリティが高いけど、全体的には上昇トレンドです。目標株価は、高値を結んだトレンドラインの延長線2600円。損切りは2250円。

その後

2/4 2302円×200 指値買い増し
うーん、あんまりいい感じはしないけど、26週移動平均線で下げ止まるかどうか。

2/27 2600円×100 指値売り 利確
目標株価達成。
昨日、楽天銀行のコンビニ支払いを取り扱うというニュースが発表されて本日8%以上上げました。

3630 電算システム　東証1部

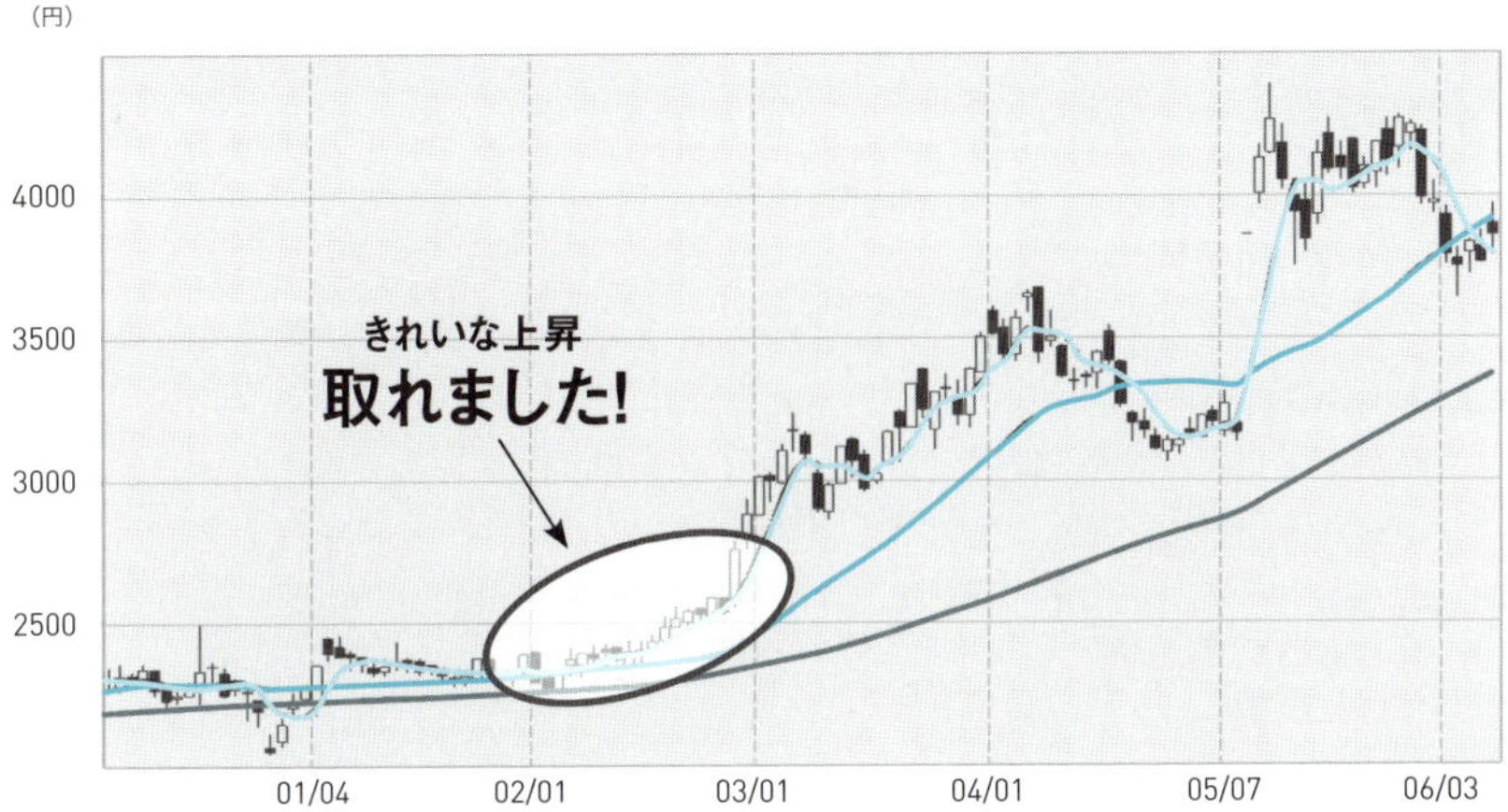

1月31日の決算発表後に下げたところを買って、約1か月で20%上昇。

決算プレイがうまくいきました。

残り200株、逆指値をさしながら利益を伸ばしていこうと思います。

2/28　2800円×100　指値売り　利確

2910円×100　指値売り　利確

昨日、利益を伸ばすと宣言したのに、本日残り200株売っちゃいました!

だってけっこうあがったんだもん。

目標株価は達成できたし、よしとしましょう。

欲張らない欲張らない。

結果

プラス13万8600円

勝因

気持ちよく売買を決められた事例です。タイミングよくキャッシュレス関連銘柄が物色されたので、その恩恵で短期的によく上げてくれました。決算後の株価の動きがイマイチでも、時間が経ってから評価される銘柄もあり、この電算システムもそのひとつです。決算を丹念にチェックすることで、こういうラッキー銘柄を拾えます。

なんで下がってるの？と思ったら売り

2月
7日
（木）

ソフトバンクがエグい自社株買い出してきましたね。通常発行株数の2%以上あれば、けっこう多いねってなるんですけど、10%以上ですから。かなりのインパクトがありました。本日ストップ高。孫さんってほんとヤリ手だな。自社株買いの理由として、現在の株価が安すぎる、正当な評価をされてないということでしたが、以前にも同じような理由で自社株買いをしてます。これはまっとうですね。株主還元にもなりますし、よいと思います。エグいけど。

新規

【ジャスダック】
日本コンピュータ・ダイナミクス

［4783］

1160円
×
200

指値買い

こちらは決算後ウォッチして、下がるのを待っていました。

25日移動平均線についたところで指値買い。

3Q決算で、経常利益30%増、進捗率89%と好決算。長期保有者に有利なように、決算と同時に優待制度の変更も発表してます。

駐輪場の管理システムが好調とのことですが、シェアサイクルめっちゃ増えてますもんね。

うちの近所も基地っていうの？　あちこちにできてます。

決算直後の反応はあまりよくないですけど、じわじわ見直されるんじゃないかと思ってます。

目標株価1400円、損切り1100円。

その後

2/15

1063円×200　成り行き売り
75日移動平均線を割れてしまったので。
試し買いしかしてなかったので、損失はそれほどでもないです。
ちょっと賢くなった。

結果

マイナス1万9400円

4783　日本コンピュータ・ダイナミクス　ジャスダック

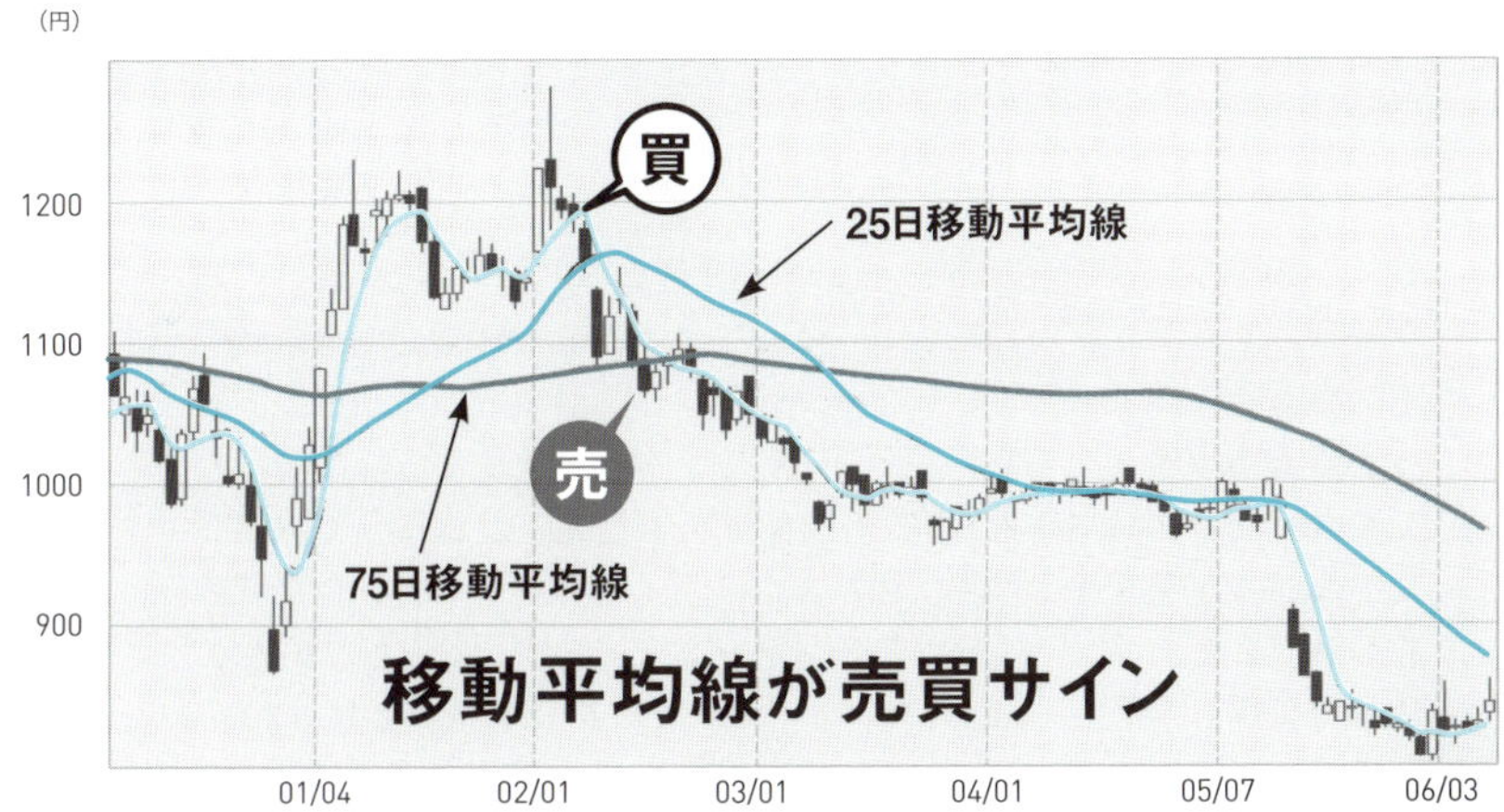

敗因

決算で売られすぎだと判断し、十分下げたところで買ったつもりが、その後もダラダラ下げ続けたので、とっとと損切りしました。

なんでこんなに売られてるんでしょうね？

ただ、経験値より、理由がわからないで下げてるものは、その後に悪ニュースが出ることが多いので、早めの撤退が鉄則です。

本日の日経平均

日経平均　２０７５１・28　マイナス１２２・78

ソフトバンク1社で、日経平均を１６６円上げてくれてますので、それを加味すると弱いですね。

日経平均２１０００円にタッチできずにこのまま失速パターンかな。

ドル円も１１０円をなかなか超えられないのも、日本株が上がれない理由かもしれません。

ちなみにわたしはＦＸでドル円１１０円でショート（売り）ポジション持ってるので、抜けてもらわないほうがよいのです。

愛着を持てず あっさり売却

2月 19日 (火)

ゴルフのグリップの握り方を、改めて指導されてひたすら7番アイアンで練習するよう言われました。素直なわたしは1時間黙々と7番アイアンを打ってます。派手さゼロ。でも何事も基礎が大事だから、ちょっと最近YouTube見すぎて自己流に走りがちだったから正してもらえてよかった。4月は1泊2日のゴルフ合宿に申し込みましたので「どこまでこいつ本気なの？」って思われたようです。インストラクターさんも、なんだか前より指導が親身な気がします。やっぱり金払いがよいと扱いが丁寧だわ。日経平均　21302.65 ＋20.80商い薄いですね。

新規

【東証1部】

トレジャー・ファクトリー

［3093］

760円 × 500

指値買い

これは1月11日に3Q決算を発表。同時に自社株買いも発表したので、窓開けて上昇。5日移動平均線近辺でずっともみ合って、本日やや大きめに下げたので指値がささりました。

今、中古市場が熱いそうですね。ずいぶん調子がよさそうなのと、アジアへ市場を広げてることから成長余地があると思ってます。

週足だと移動平均線3本すべての上に株価が乗ってますので、このまま13週がいちばん上にくればキレイな上昇トレンドに転換できます。目標株価は900円、損切りは700円割れ。

その後

2/20　763円×500　指値買い増し

2/26　732円×200　成り行き買い増し

今日はなんか下げてるなと思ったら配当落ち日でした。

2/27　717円×400　逆指値売り

直近の安値を割ったので一部損切り。

売ったあとにちょっと値を戻しましたが、安値を割ったら売るのがマイルールなので仕方ない。

3/8　759円×400　逆指値成り行き　売り

3/15　750円×400　成り行き売り

いろいろ買ったのでポジション減らしのため。

3093　トレジャーファクトリー　東証1部

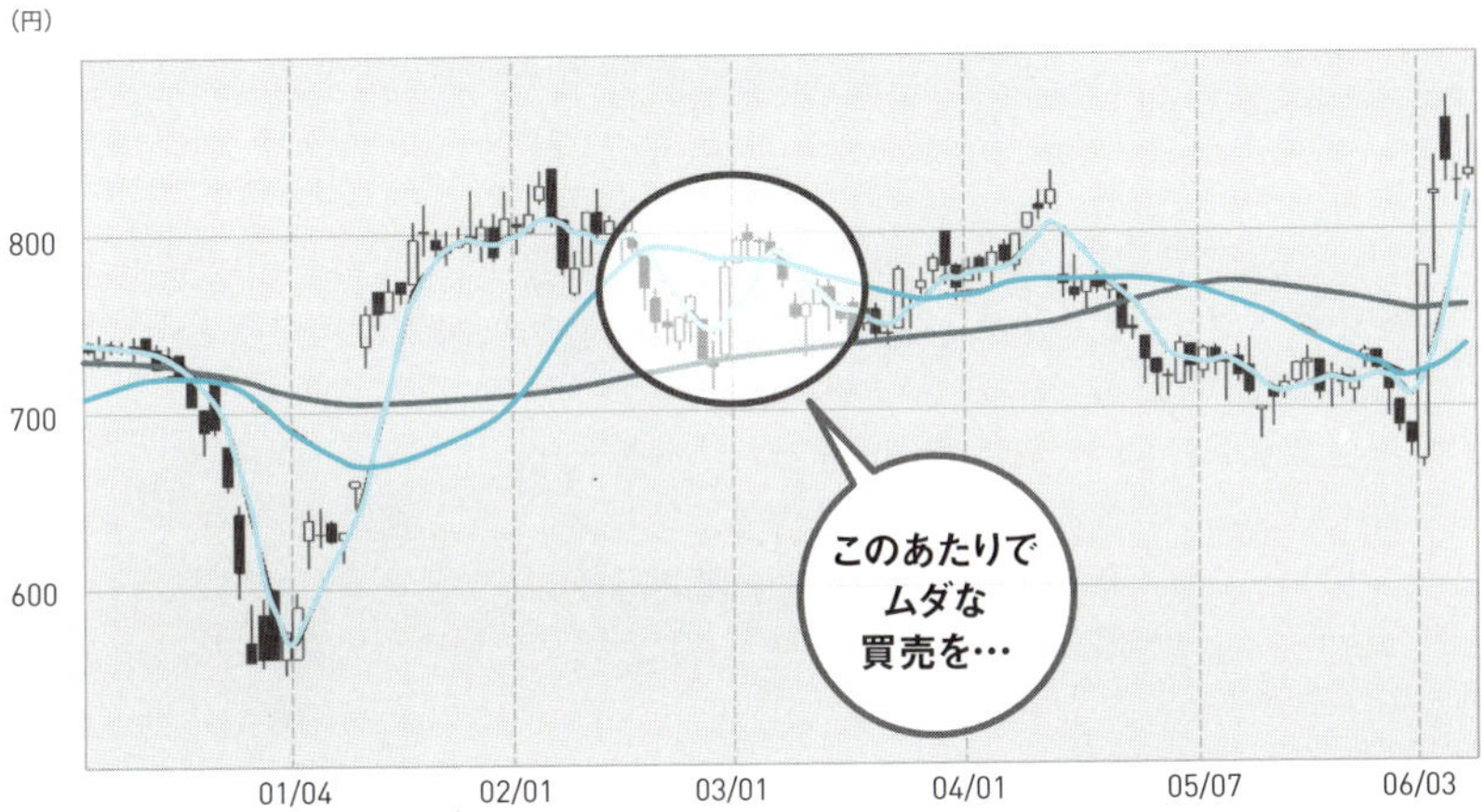

結果

マイナス1万7500円

四季報見ると悪くなかったですけどね。

敗因

個人投資家に人気の銘柄。今までにも何度か売買したことありますが、大きく勝てたことがないような。2月の暴落に巻き込まれ、2月27日に2月の安値をつけましたが、その後株価はいったん回復。3Qの決算がよかったので、4月に発表される本決算への期待で株価は830円まであがりました。そこで売れれば最高によかったんですけどね。保有株全体の金額を大きくしたくないので、いまいち愛着がない銘柄は、こんな感じで軽く売ってしまってます。

本日の**どうでもいい話**

先日、一緒にお仕事した40代後半の男性が、なんとなく気分が落ち込み気味で、知り合いのお医者さまに聞いたら、プチ更年期障害なんじゃないかと言われたとのこと。男性にもあるみたいですね。対処法は、適度な運動と定期的な性行為、このふたつなんですって。その方、5か月前に赤ちゃんが生まれたばかり。がんばってください（としか言えないわ）。不調の原因はたいていホルモンバランスの乱れ。できることは規則正しい生活と、適度な運動、お風呂ですかねー。

なんとなく弱気で大損する前に売却

2月
26日
(火)

今日の授業は貸借対照表についてでしたが、毎回「さっぱりわかりません」という方がいて、もっとわかりやすく話す方法はないかと、いっつも終わったあとに少し落ち込みます。
それはさておき、今日は後場からけっこう持ち株が下がりました。今夜のパウエル議長の会見を警戒してるんでしょうか？　最近は、パウエルさんの発言がリスク要因と考えられてるふしがあります。って思ったら「インド軍がパキスタンを空爆」したの？？　思わぬところにリスクがあった。

新規

【ジャスダック】

nms ホールディングス

[2162]

448円 × 100

指値買い

2月8日に3Q決算発表し、通期予想を下方修正してますが、これは先行投資による利益の圧迫とのことで、市場は好感。製造業の派遣・受託を行う〝働き方改革〟銘柄。最近は外国人の受け入れも積極的。
気がつけば、日本で働く外国人の方、増えましたよね。目標株価は52週移動平均線近辺の580円。
損切りは400円割れ。

その後

2/27　490円×200　成り行き買い増し
3/1　491円×200　指値買い増し
今日の安値でささりましたが、300株注文してたのに200株しか買えませんでした。
3/4　480円×200　成り行き買い増し
今日は5％弱下げました。短期的な調整だと信じて。
3/8　473円×400　指値買い増し
3/11　447円×100　逆指値売り　損切り
3/26　447円×1000　成り行き売り　損切り
しばらくまたボラティリティが高い相場になるんじゃないかと不安なので、ポジションを減らしたく、25日移動平均線

2162 nms ホールディングス ジャスダック

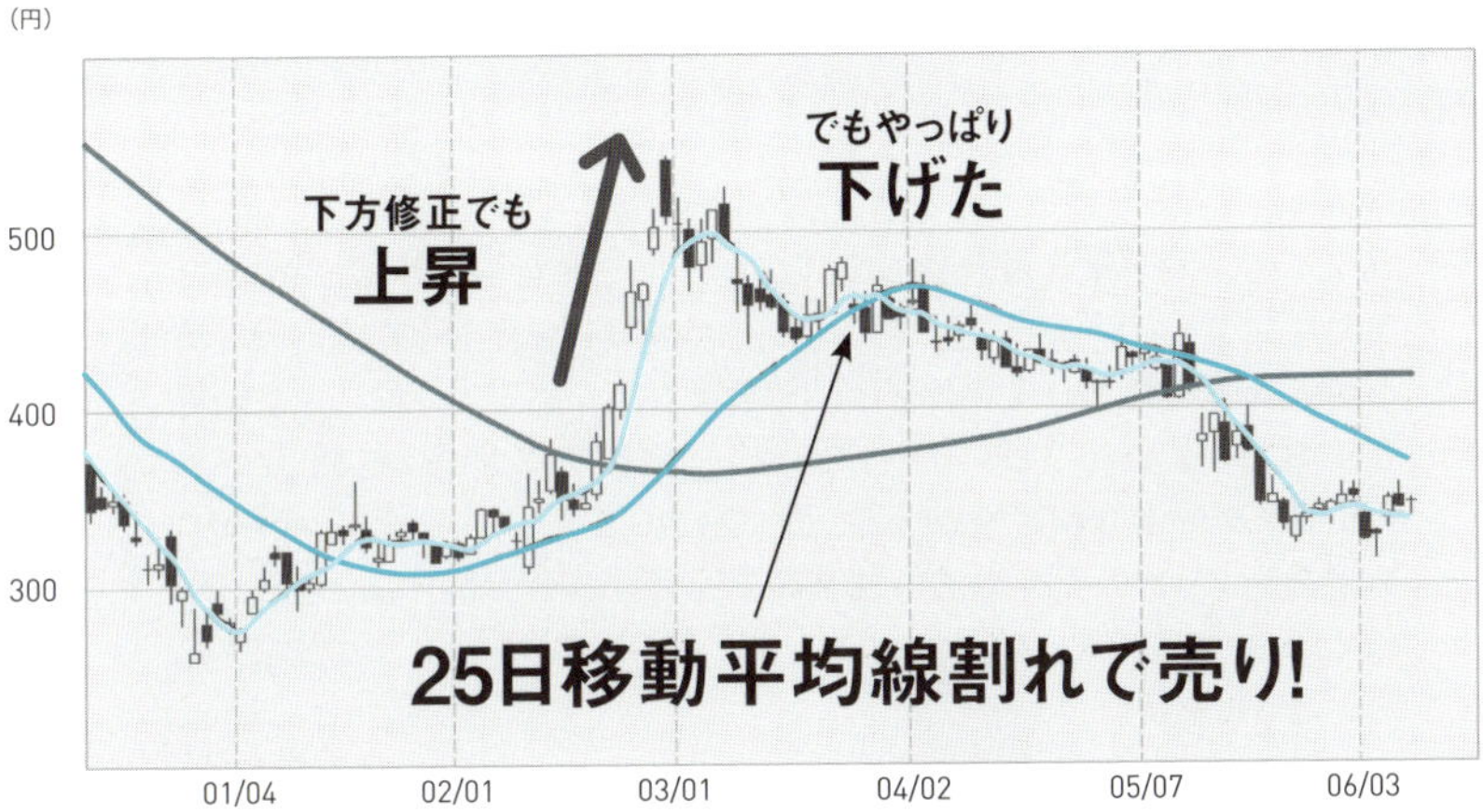

を割ってしまったこちらをすべて売却。売りタイミングもう少し早くしておけばよかった。
またどこかで会いましょう。

結果

マイナス3万5400円

敗因

街中でも外国人労働者が勢いよく増えているので、これからの成長テーマに沿ってると確認して購入。ただ、なんとなく相場に不安を感じていたので、損切りラインまで下がるのを待たず売却。今のところ（2019・4末）では、安値が損切りラインぎりぎりの400円。ルールに従っていたら、まだ保有していることになりますが、このあとの決算で揺れる可能性大ですね。それを見てからの判断でよいかと。

本日の格言

「売るべし　買うべし　休むべし」

株式投資には、売りと買いしかないと考えるのではなく、休むのも大切だと説く言葉。ひとつの相場が終わったら、少しお休みして市場の様子や相場環境を冷静に観察してみるというのもいいかもしれませんね。
相場に参加するときは、心身ともにコンディションが整っているときに限定するのがよいと思います。

3日で20%超アップの四季報サプライズ〜!

3月
15日
(金)

みなさん、四季報は目を通しましたかー？　わたしは昨日、4時間で全銘柄見ました。前号で減益で、今号では増益に変わってるものがチラホラ。底入れという言葉も目に付きました。前号よりは、明るい雰囲気を感じましたけど、どうでしょ？　全部で63銘柄に付箋をつけ、タイミングがよければ早めに買いたいもの、じっくり検討したいもの、財務をチェックしたいもの、連載のネタになりそうなもの、とおおむね4つのカテゴリーに分けてます。わりと今までチェックしたことなかったものに目がいきました。

新規

【マザーズ】

マネジメントソリューションズ

［7033］

5660円
×
100
指値買い

2018年7月上場銘柄。去年のIPO銘柄の中では、調整からの戻りが早く、きれいな上昇トレンドです。

目標株価直近高値6500円。

損切り5500円割れ。

その後

3/19　6950円×100　成り行き売り

あー、200株買ってればな――。

金曜日に買って2営業日で22%上がってしまいまして、目標株価6500円も超えたのでマイルールに従って売りました。

うれしいけど「明日、上がんないで!」と祈ってます。

結果

プラス12万9000円

勝因

四季報サプライズで、短期取り作戦成功！　実質3日で22%取れれば上等ですね。

できれば最初に200株買っておければよかったのですが、2019年はリスクを取りすぎないよう徹底してますので、い

7033 マネジメントソリューションズ マザーズ

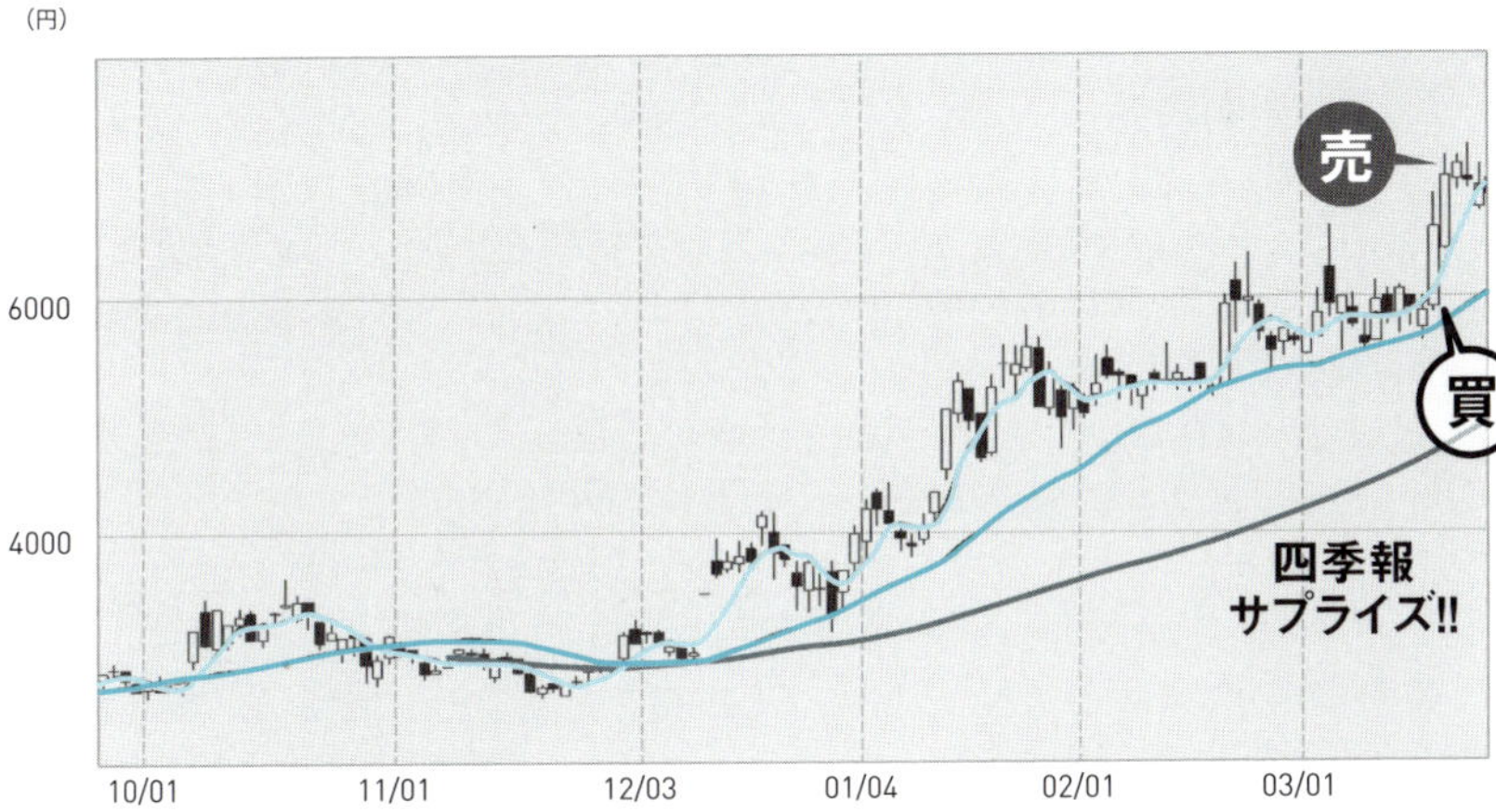

きなり最初から100万円をオーバーする投資額にはしないようにしてます。上がったときは悔しいですけどね。でも欲を出しすぎるのが、たいてい失敗のもととなりますから。

本日の教訓

今日買ったのはぜんぶ四季報銘柄です。ほかにもいくつか四季報サプライズらしき銘柄がありました。やっぱり新しい銘柄に出会えるから四季報はおもしろい!

本日のQ&A

Q:先生は、IPOは購入してますでしょうか。私は何度かトライしてますが、一度も当選したことがないのですが、当選のコツなどあればご教示頂きたいです。

A:ときどき申し込みますけど、当たったことないです。主幹事の証券会社で申し込んだほうが当たりやすいと思うので、大手の総合証券会社で口座を作るとか? あとSBIは申し込むたびにポイントがたまって、当たる確率が高くなります。

COLUMN

負けないためのメンタルコントロール その1

ポイント1　ココロとお金の余裕度

「投資は余剰資金で」とは、よく言われる言葉。これは、最悪なくなったとしても、生活には困らないようにしておきましょうというアドバイスです。

もうひとつ、「余剰資金だから、ゆる〜い気持ちで投資しましょう」という意味もあると思います。そういう余裕の気持ちが、かえって投資の成績を上げてくれるのではないでしょうか？

このお金がなくなったら、今月の生活費がなくなる！　といった状況で、冷静に売買するのはよっぽどハートが強くないと難しいと思います。

ポイント2　兼業投資家のほうが負けない！？

兼業投資家のいいところは、いつでも投資をお休みできるところ。相場が荒れていたり、どうも調子が出ないというときは、いったん株式市場から資金を引き上げて、次の相場に備えて勉強しておくというのも可能です。

しかし、専業投資家になってしまうと、生活のために戦い続けなければいけません。もちろん資金が潤沢にあれば、お休みしたり引退することも可能でしょうが、専業となるとそれも不安になってしまうようです。

と考えると、むずかしい相場で戦わないでいい兼業投資家のほうが負ける確率は低くなると思いませんか？

ポイント3　とっさの判断を信じない

取引時間中についつい株価を見ちゃって、とっさの判断で売買してしまうことはよくあります。欲しいなーと思っていた株が、なぜかその日は上昇ランキング上位に上がってきていると「早く買わないともっともっと上がっちゃうかも！」と思って、つい成り行き注文！　それが天井だったということは、ここでも何度か紹介しました。

そういうミスを防ぐには、衝動的に売買するのではなく「いくら以下なら買う、いくらになったら売る」と明確に決めておくこと。その株価以外では売買しない！と自分に誓っておきましょう。

第7章

わたし、偏愛してるんです！

愛着銘柄20

恋愛で、一度別れた相手とよりを戻すことは皆無ですが、株に関しては、何度も売買を繰り返してしまう腐れ縁の銘柄がいくつかあります。

売っても売っても、また買いたくなる、そんなわたしのとっておき偏愛銘柄を紹介します。

4800 オリコン ジャスダック

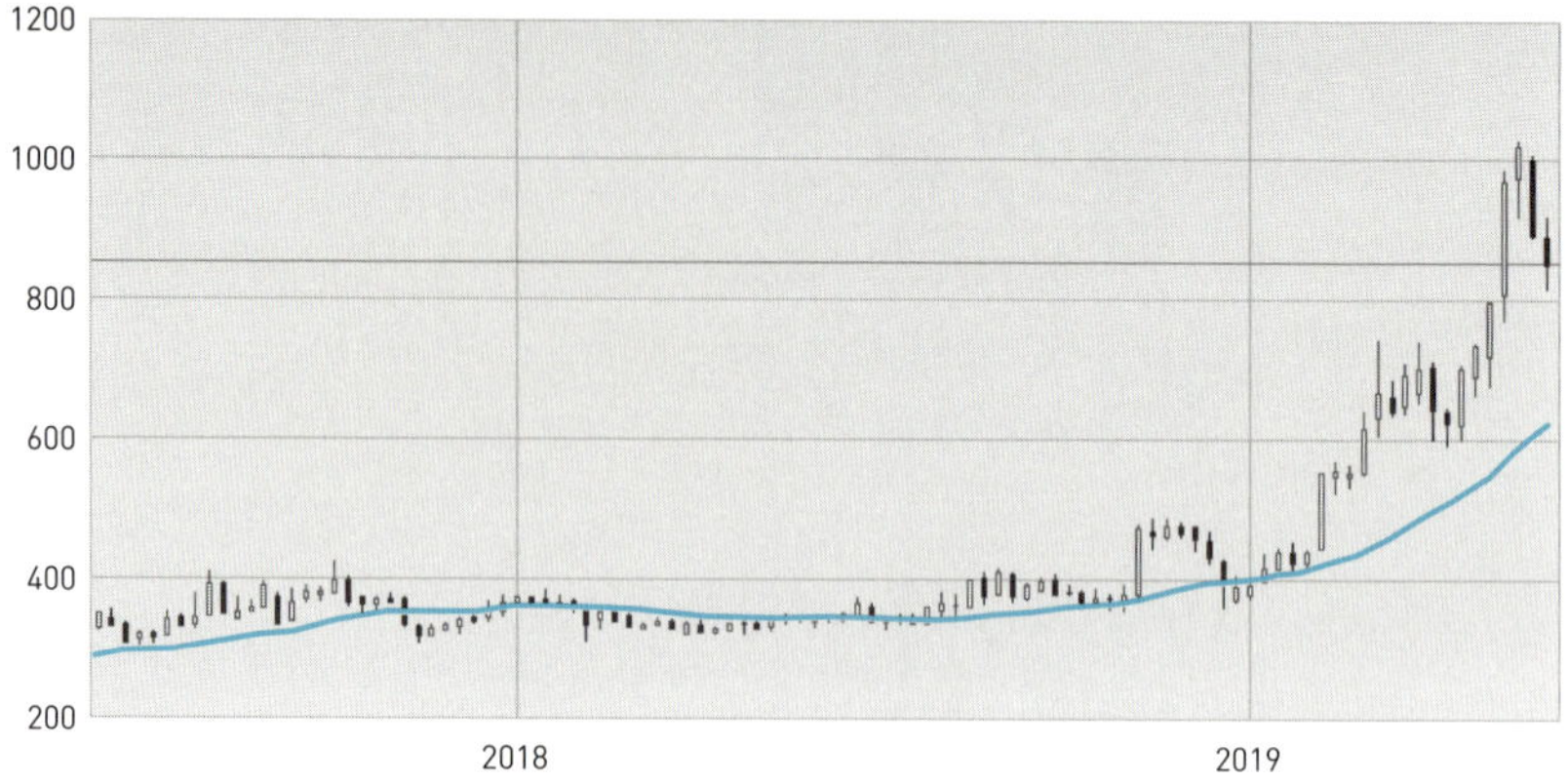

オリコンランキングというのは、昔は音楽系でよく目にしましたが、最近は、顧客満足度サービスのランキング調査が売上のシェアを拡げています。古くからの信頼とデータベースが最大の強み。時代に合わせた変化で業績絶好調！　業態の変化でさらなる成長を期待しています。

4356 応用技術 ジャスダック

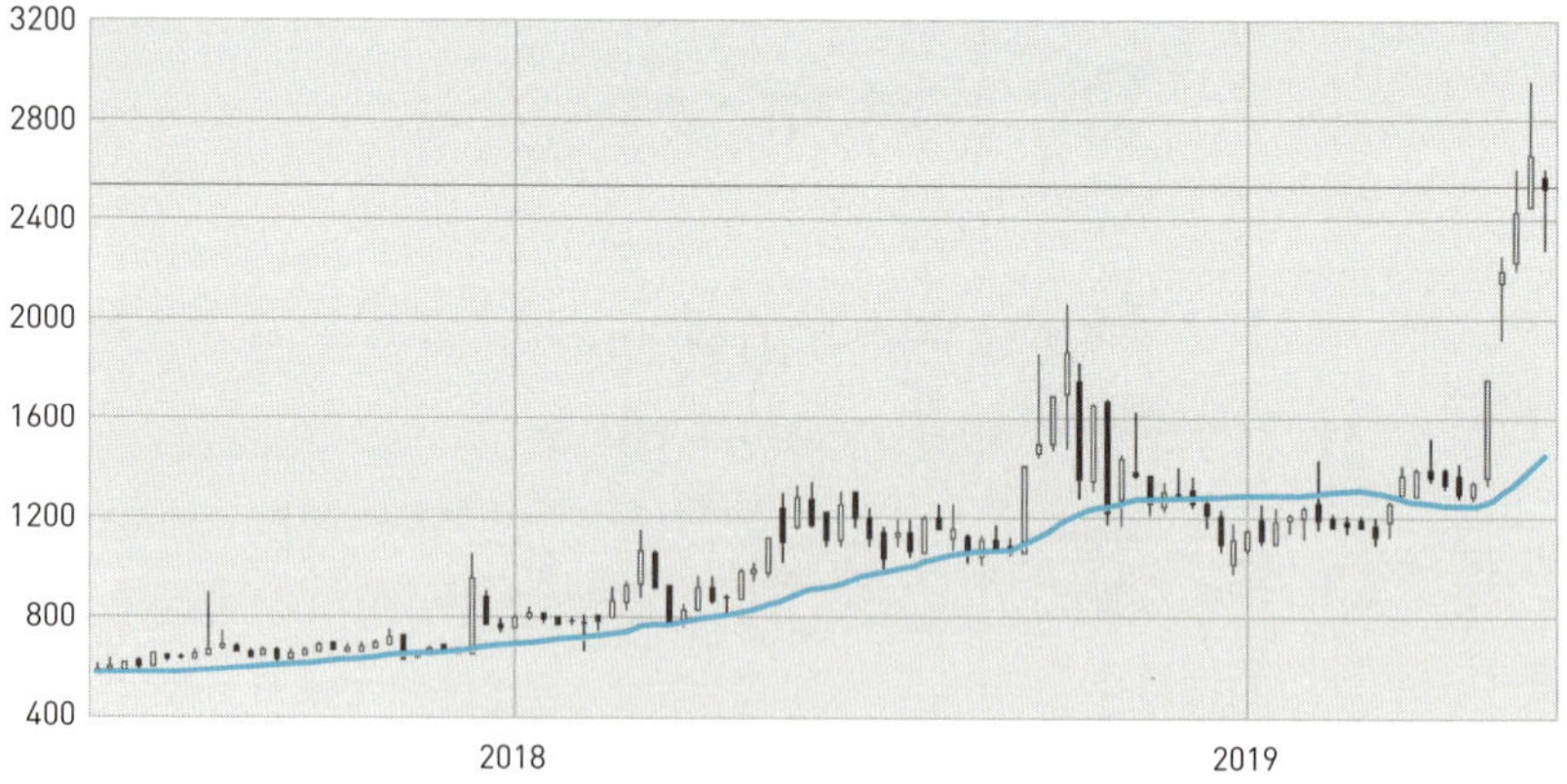

防災、減災のコンサルティングで大注目の企業。災害対策は国策ですので、官民問わず需要が豊富にあります。時価総額が現時点（2019.6）でまだ100億円未満。好業績で株価が急騰していますが、長期的に見て押し目を拾っていきたい銘柄。

3550 スタジオアタオ　マザーズ

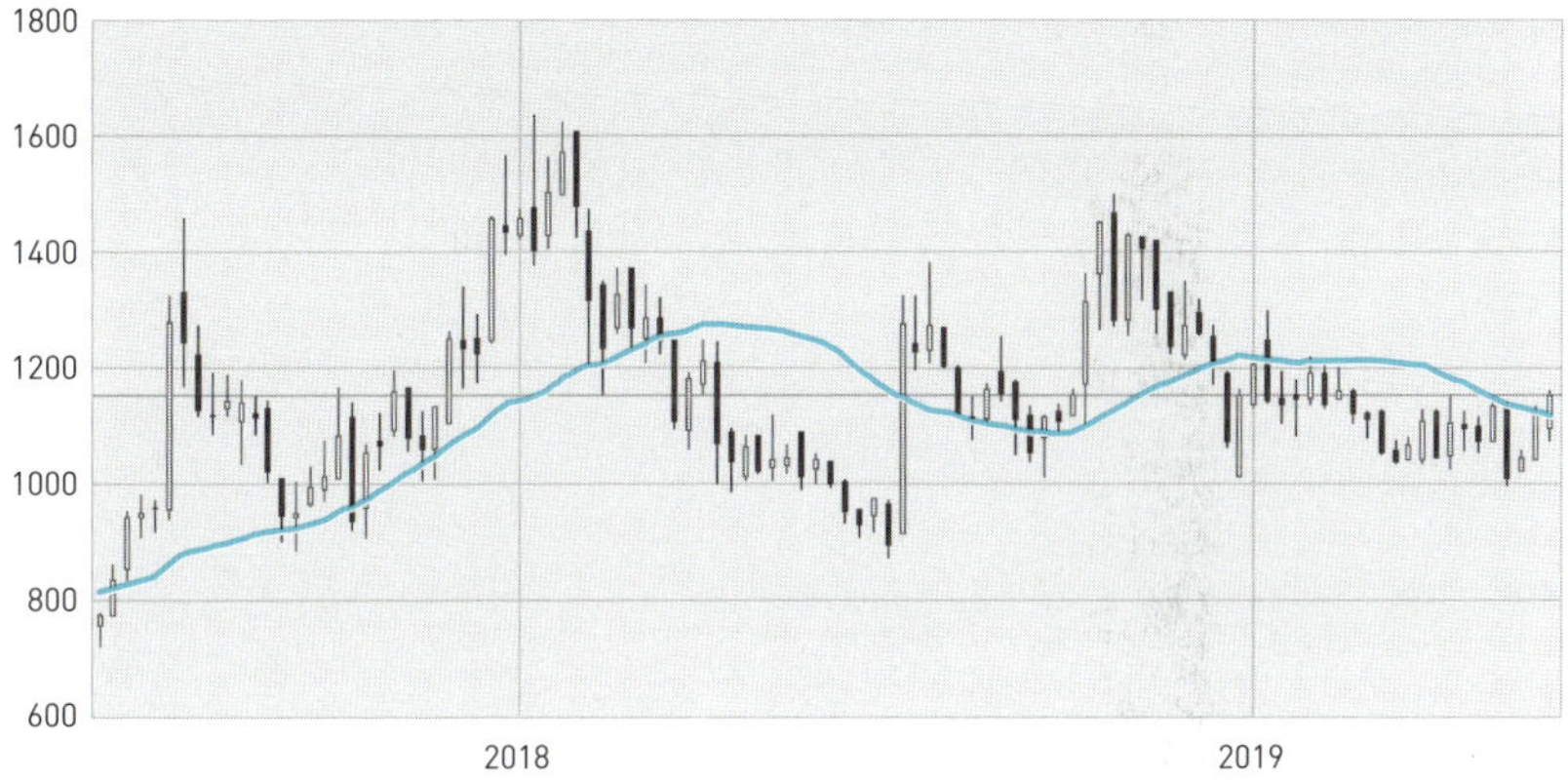

ネット販売が中心のバッグ屋さん。値引きしないのがモットー。日本のかばん職人さんが手作業で作成するため、注文から数週間待ちなんてことも。スピード時代の今だからこそ、時代と逆行したビジネスモデルが新鮮です。プライベートでもお財布とバッグ使っています!

2469 ヒビノ　ジャスダック

ライブなどの音響・映像といえば、いちばんに名前が出てくる業界ナンバー1企業。CDの売上は減少している一方で、ライブなどの生体験は逆に活況とのこと。オリンピック、ラグビーワールドカップ、大阪万博とビッグイベント目白押しですしね。ますます活躍の場が広がりそうです。

7730 マニー 東証1部

眼科ナイフ、歯科用治療器などの医療機器メーカー。“世界一しか目指さない”をモットーに、日々切磋琢磨している印象です。高利益率、無借金経営と優秀企業の要素が満載。当然、個人、機関問わず投資家から人気の銘柄なので、買い時がむずかしいですが、相場の悪化で大きく下げたときなどチャンスを狙って。

2471 エスプール 東証2部

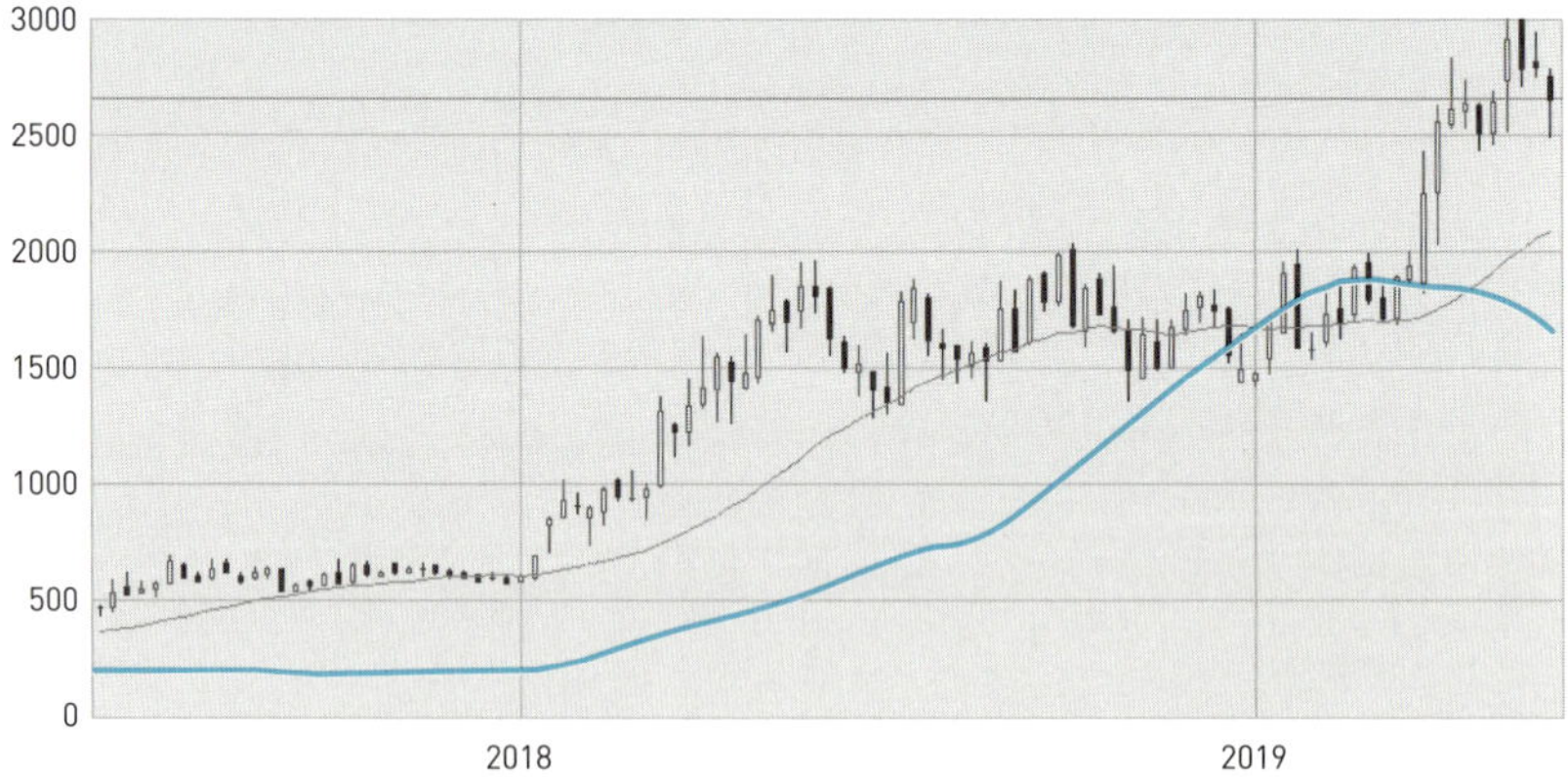

人材派遣とコールセンターが主要事業ですが、そのほかに障害者支援のための農園を販売するというユニークな事業も。人手不足や働き方改革が叫ばれる中、時流に沿ったビジネスで高成長を続けています。

2477 手間いらず マザーズ

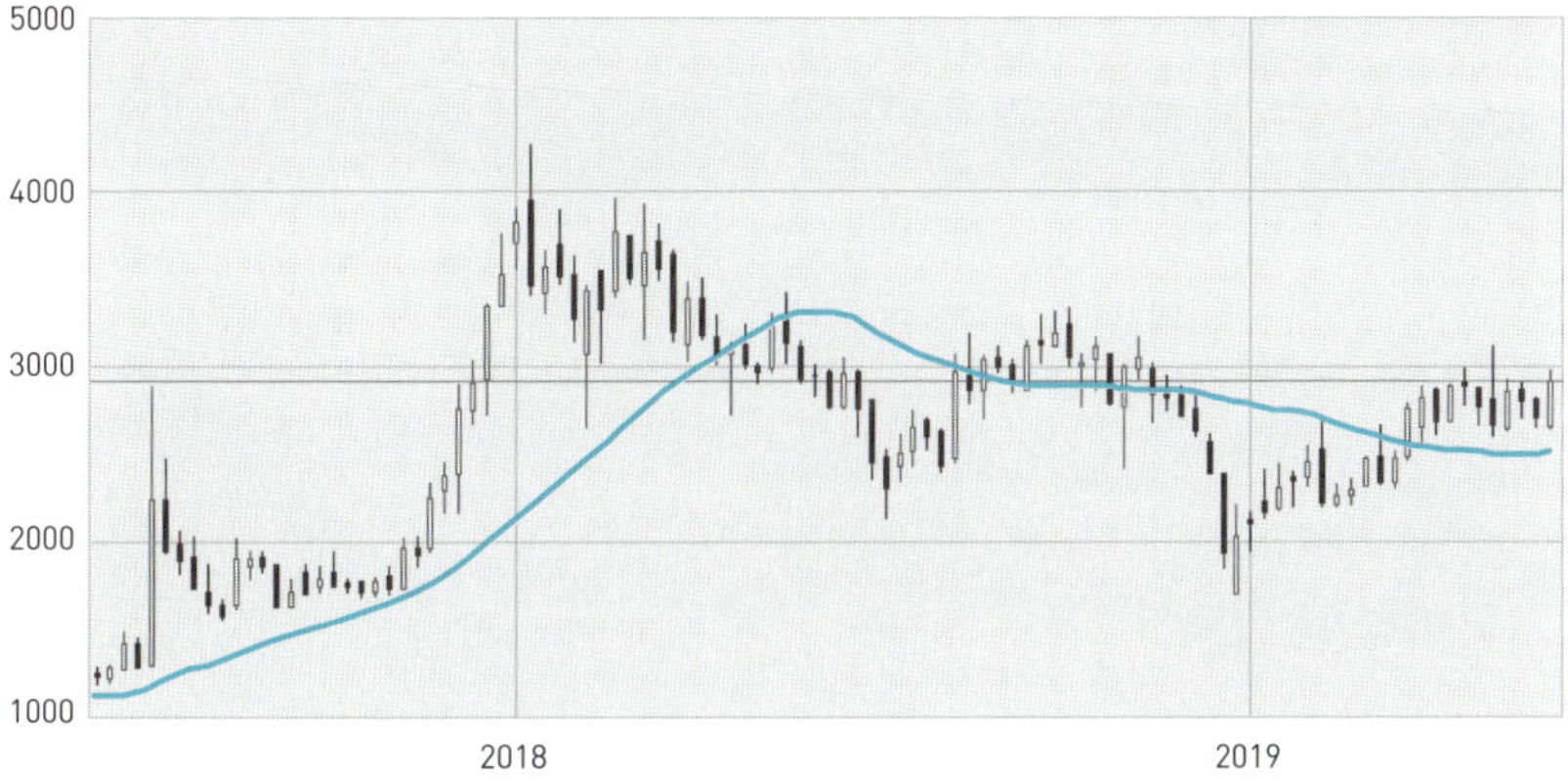

旅館やホテルの予約にまつわる業務の手間を劇的に減らすサービスが順調。どの旅行サイトから予約しても、ホテル側が一元管理でき、自動的に価格調整もしてくれるそう。観光立国として日本が君臨するために必要なサービスだと思います。

3665 エニグモ 東証1部

世界各国の現地にいる人が買い付けしたものをネットで販売するシステム「バイマ」を運営。最近は、モノだけでなく旅も販売開始。現地の人しか知らないおもしろスポットを提案し、通常のツアーとはひと味ちがう旅行が楽しめそうです。全体相場が荒れても上昇トレンドを崩さない強い銘柄。

7990 グローブライド 東証1部

釣り好きなら誰でもご存知「ダイワ」をはじめ、ゴルフ、テニス用品などを製造販売。ゴルフクラブのブランド「オノフ」は、知り合いの女性に愛用者が多く、デザイン&機能性の両立に優れているとか。企業のロゴやサイトなどデザインを佐藤可士和氏が担当。

2930 北の達人コーポレーション 東証1部

健康食品や化粧品などを、100%通信で販売。最近の大ヒット商品は『刺すヒアルロン酸』をうたった美容マスク。予約で3か月待ちになるほど注文が殺到したとか。通販サイトは笑っちゃうくらいコテコテに営業色の強い作りで、商魂たくましい感じが好きです。

6823 リオン 東証1部

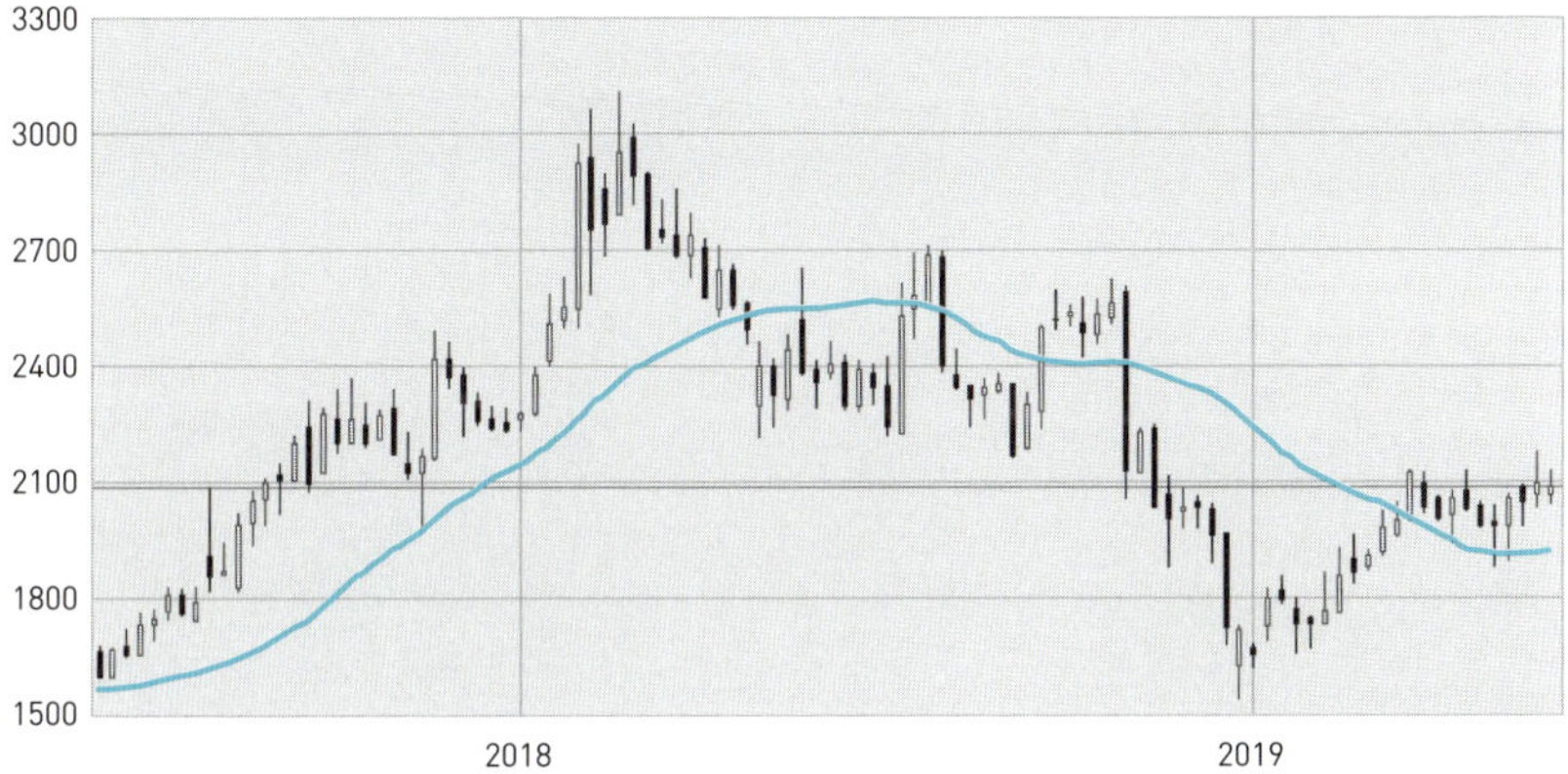

補聴器の製造販売国内シェア1位。そのほか地震計や、騒音計など環境機器も得意です。派手な成長はないですが、着実に足元を固めて地に足のついた経営をしています。医療機器分野はこれから期待されるセクターですので、長期投資にも値する銘柄かなと思います。

4320 CEホールディングス 東証1部

電子カルテシステムを開発し、おもに中小病院に向けて販売。医療のクラウド化、電子化は国策テーマですので、これからますます需要が伸びてきます。とくに進化が遅れている地方病院などでの活躍に期待。

3182 オイシックス・ラ・大地 マザーズ

戦略的M&Aでどんどん拡大し、宅配野菜業界で圧倒的な強さを見せています。最近は、スーパーなどで、すでに野菜がカットしてあり、短時間で料理が完成するミールキットをよく見かけます。一度使うと、その便利さとおいしさにリピート買いする人多し。わたしもその一人です。

6572 RPAホールディングス 東証1部

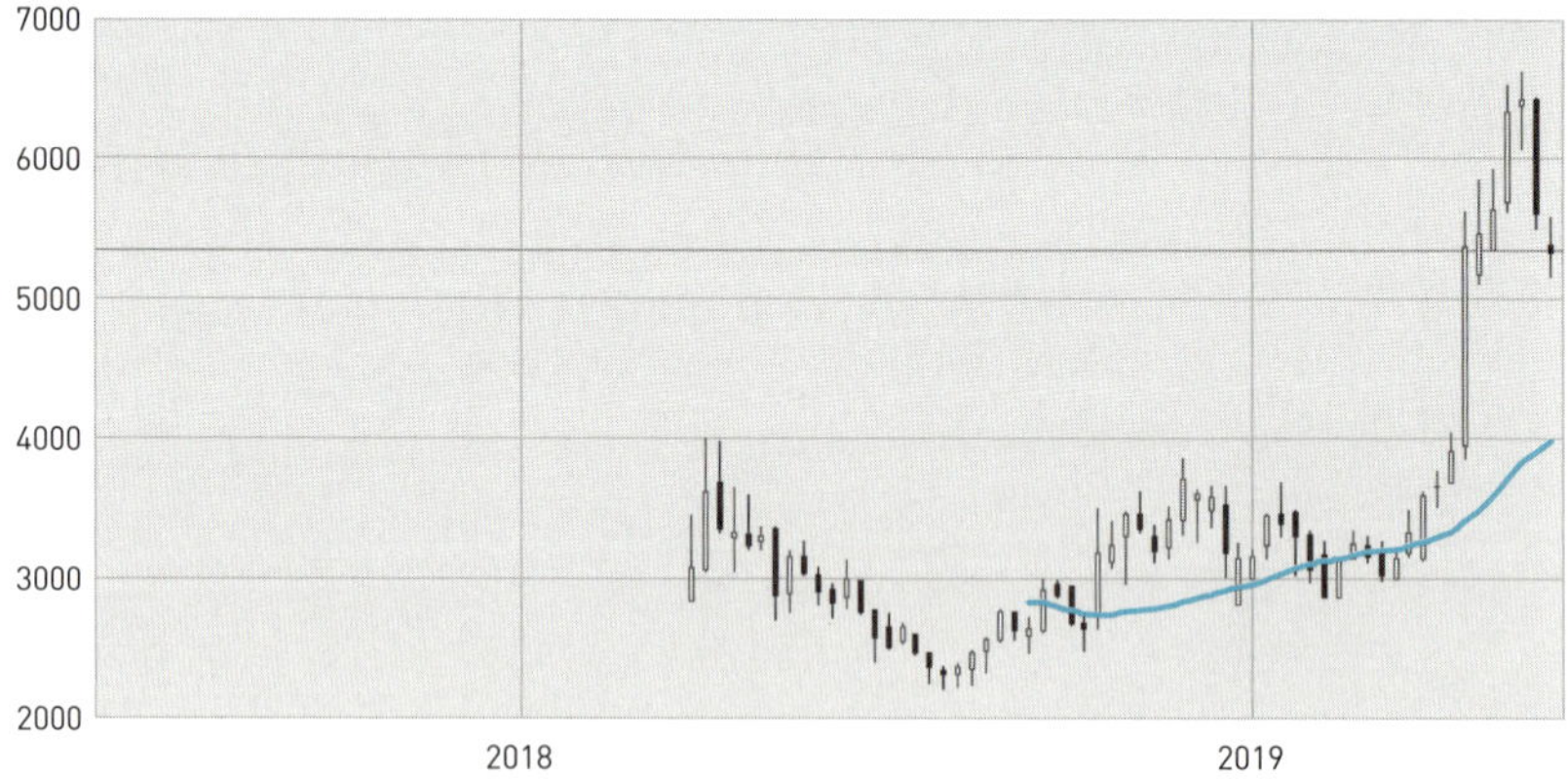

その名のとおり、ロボティック・プロセス・オートメーション（ロボットによって単純な事務作業を自動化するテクノロジー）の企業として第一線で活躍。市場の成長期待は高く、2018年3月の上場以来、高PERで推移。

6187 LITALICO 東証1部

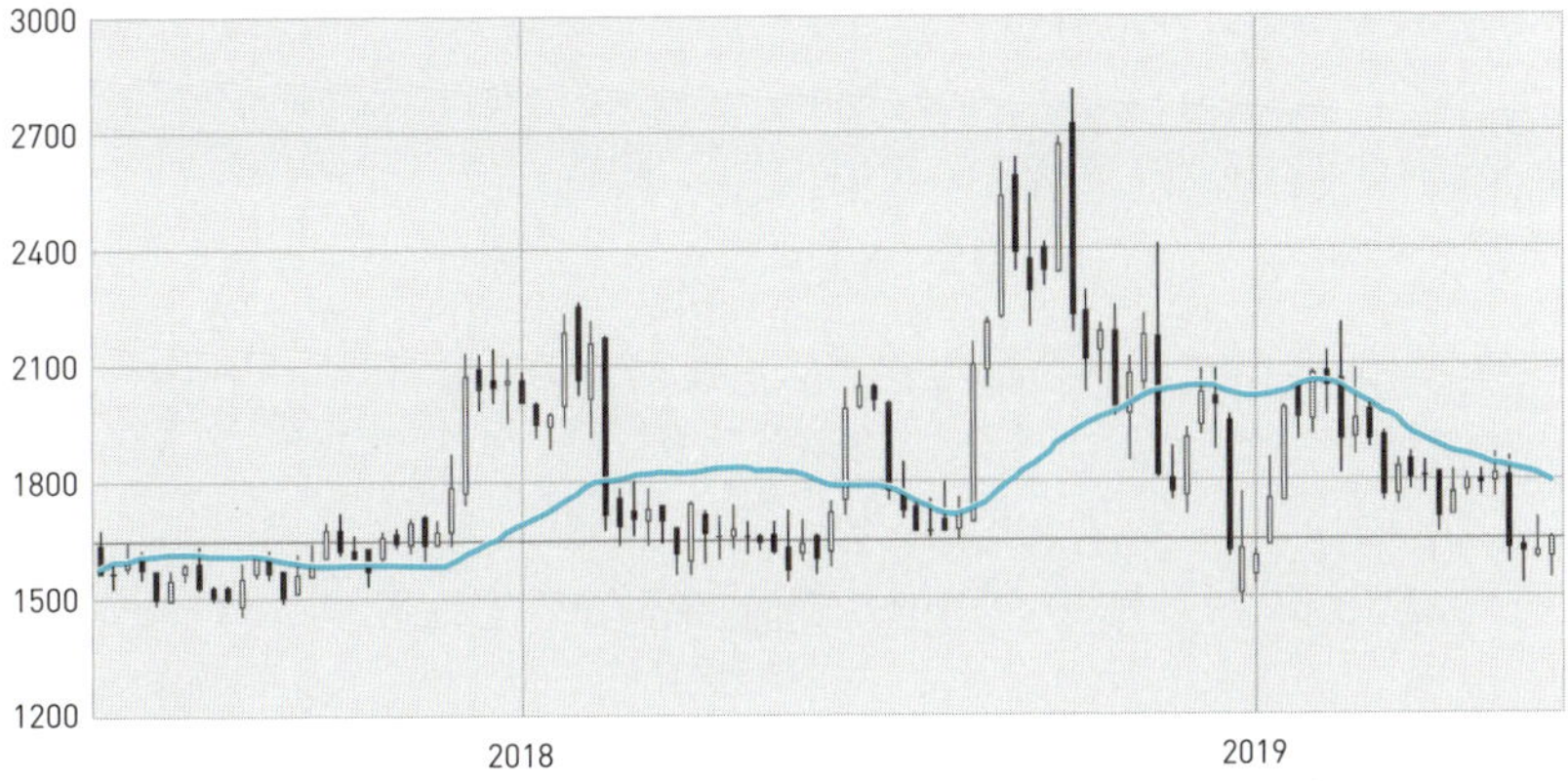

「障害のない社会を作る」という理念のもとスタート。発達障害の児童の学習支援や、障害者の就労支援を行っています。また「LITALICOワンダー」という一般児童向けのプログラムミング教室を開催。こちらも順調に成長しています。

6061 ユニバーサル園芸社 ジャスダック

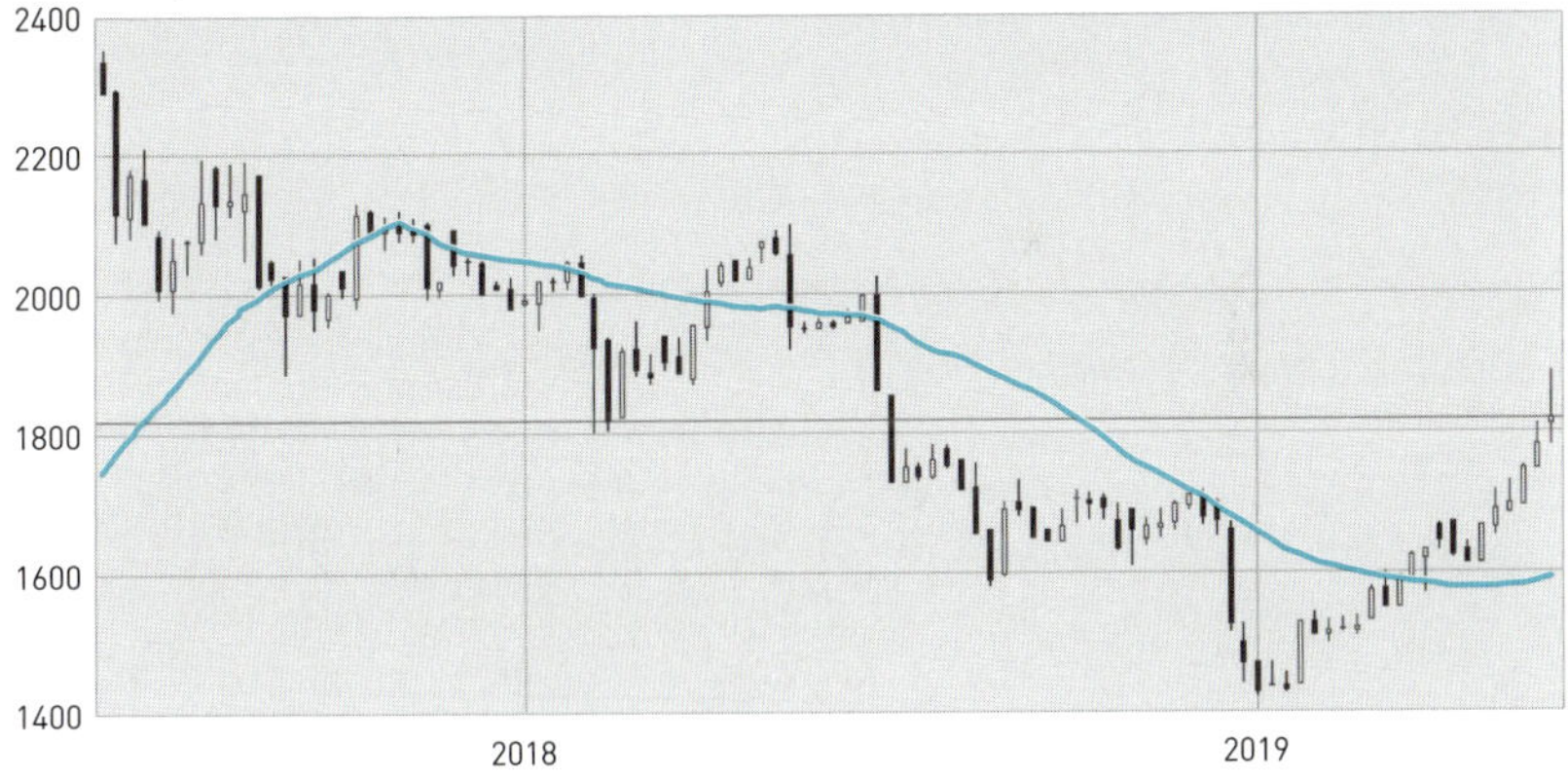

オフィスやホテルへ観葉植物をリースし、定期的にメンテナンスを行います。個人事業が多い園芸業界の中で、着々と規模を拡大。海外への展開もスタートしています。東京はあちこちで大型の商業施設が建設されており、グリーンのリース業にとっては商機。

3922 PR TIMES 東証1部

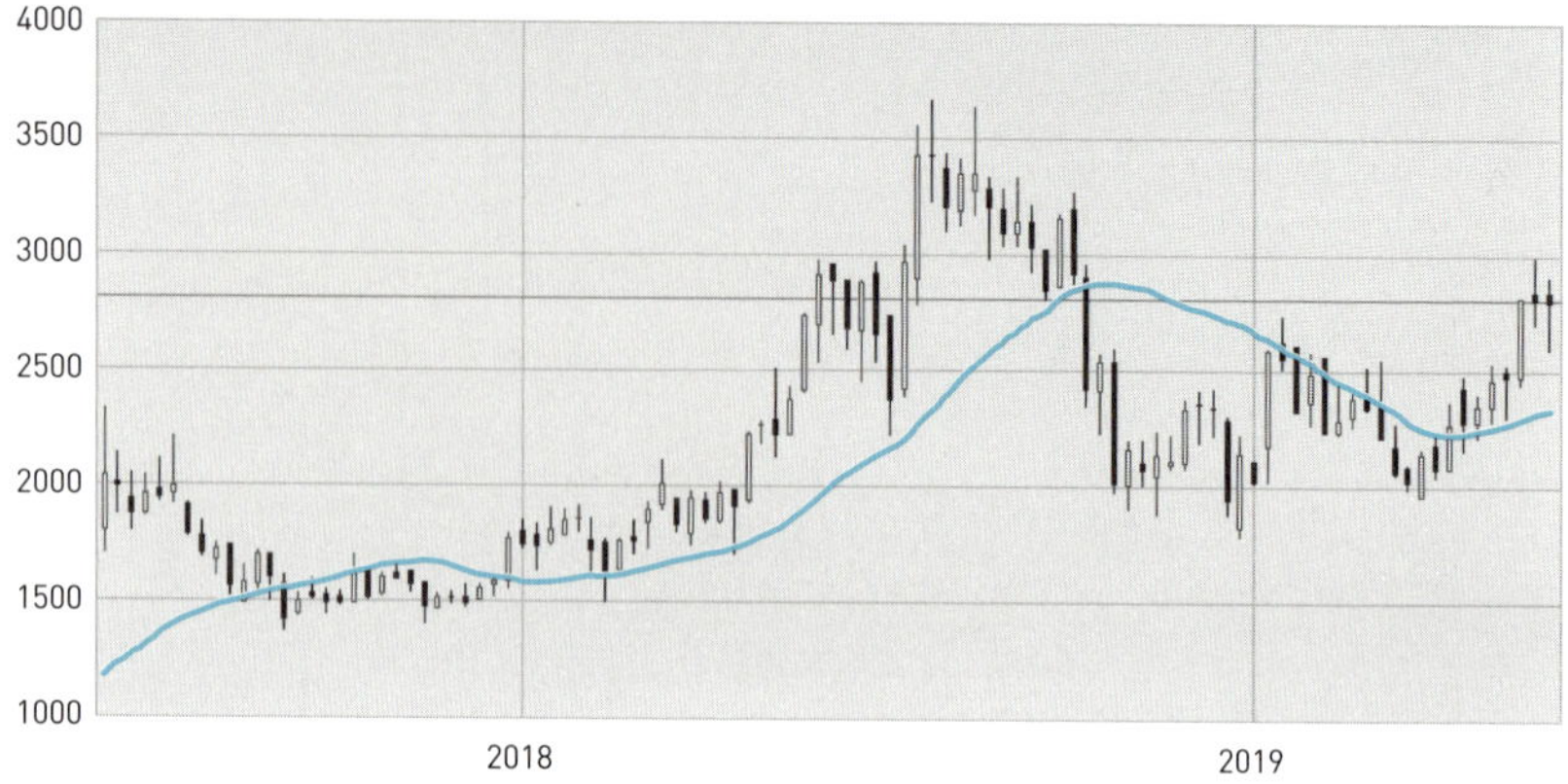

企業のプレスリリースを作成配信。年々契約会社数は増加しており2019.5時点で3万社を突破、上場企業の36%が利用しています。また、地方の自治体や中小企業向けにもサービスを展開。PRの重要性が問われる世の中ですから、まさに旬の企業と言えます。

2764 ひらまつ 東証1部

長年、優待銘柄として保有しています。ここ数年はレストラン事業、ウエディング事業が不調で株価が低迷していましたが、「滞在するレストラン」をコンセプトにしたホテル事業が好調で、業績が回復基調にあります。海外からの富裕層向けホテルですが、いつか宿泊してみたい。

3633 GMOペパボ ジャスダック

個人向けサーバーレンタルとネット店舗の支援サービスが利益を稼いでいましたが、3番目の柱であるハンドメイド事業「ミンネ」がようやく黒字化。またフリーランスの請求書を買い取るというユニークなフィンテックサービスをスタート。フリーで働く人の強い味方となりそうです。

7947 エフピコ 東証1部

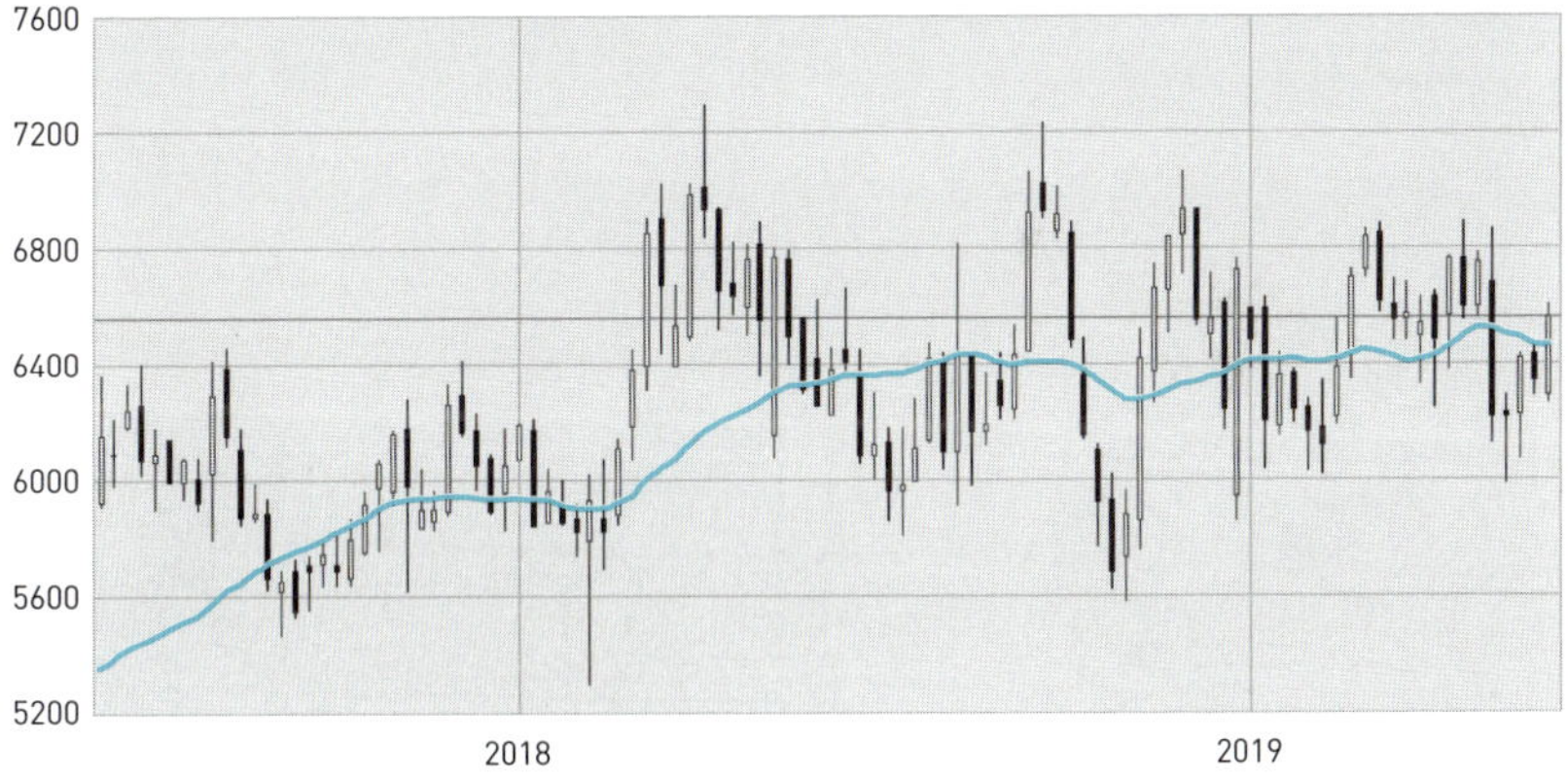

食品用トレーの大手。障害者雇用数が規制化される前より積極的に雇用し、彼らの集中力を人財として尊重。トレーに模様を入れて高級感を出すなどアイデアも豊富。プラスチック容器がこれから減少すると危惧されますが、リサイクルについても積極的に研究してます。

COLUMN

その2

負けないためのメンタルコントロール

ポイント4　ほどほどの利益でよしとする

昨日までコツコツ積み上げた利益が、突然の急落で一気に評価損に転ずる。2018年はそんな悲劇によく見舞われました。

たとえば投資期間を3か月と考えた場合、その期間で20%利益が取れれば十分だと思います。それが2週間で達成できたとしたら、一部でも利確しましょう。もっと上がるかも！　と欲を出すと、足元をすくわれます。ほどほどで満足するのも負けない投資の技術です。

ポイント5　気分転換の手段をもつ

株式投資は、自分のお金が増えたり減ったりしますから、どうしても精神の起伏が激しくなります。上がっているときも下がっているときも、何かしらの興奮状態に陥っていますので、冷静な判断がつきにくいと考えてください。

そういうときに、まったく投資とは関係のないこころをフラットに戻す手段を持つのが、負けない投資家であるためには必須かなと思います。

わたし自身は、ピラティス、ゴルフ、ランニングと、そのときによって臨機応変にチョイスしますが、いずれにしろ身体を動かすことで気分転換になりますね。オススメです。

本書を購読いただいた読者 限定プレゼント

ウェブマガジン「勝ったり負けたり“赤裸々”株ノート」無料購読

本書をご購入いただいた読者限定で、平日毎日配信しているウェブマガジン

「藤川里絵の勝ったり負けたり“赤裸々”株ノート」

のお試し購読をいただけるキャンペーンを開催します。

〈キャンペーン内容〉

「藤川里絵の勝ったり負けたり“赤裸々”株ノート」の無料お試し購読

〈キャンペーン期間〉

2019年7月1日（月）～2019年12月31日（火）

〈お試し購読期間〉

ご応募月の最終日配信分まで（最長1か月間）

〈応募方法〉

QRコードから応募ページにアクセスして、
キャンペーンにご応募ください。

QRコード

コードにアクセスできない方は、
下記のURLにアクセスください。
https://foomii.com/files/00118/present/

〈注意事項〉

次の方は本キャンペーンの対象外となります。あらかじめご了承ください。

・当ウェブマガジンを購読中の方
・当ウェブマガジンを以前に購読されていた方

〈個人情報の取り扱いについて〉

本キャンペーンに応募いただく際のメールアドレスは、当ウェブマガジンのお試し購読にのみ利用し、その他の目的には利用いたしません。

また、メールアドレスは当ウェブマガジンの配信業務を行う株式会社フーミーが管理し、著者（藤川里絵）には開示されません。

おわりに

本書には、10倍株を見つける方法も、億り人になる方法も書かれていません。5年で資産を10倍にした人（わたし）が、どんなミラクルな投資をしているの？？と期待した方は、この上なくガッカリされたことでしょう。わたしだって、できることならガツガツ儲けている姿をお見せしたかった！

しかし、2018年は日経平均が1年間でマイナス12％という荒れ相場でした。そんな中で、お金を大きく減らさなかった（大きく増やしてもないけど）のは、自分的にはよくやったと思っています。

わたしが資産を10倍にした5年間というのは、アベノミクスがスタートしてからの絶好の稼ぎ時でした。投資金額は、本書でお披露目している2018年の売買金額のざっくり3倍以上で、買えば上がるといった夢のような相場です。残念ながら今はそんなイージーな相場ではありません。そこでわたしができることは、次にくる大相場に備えて、資金を温存することです。

「だったら荒れてる相場のときは投資をしなければいいじゃないか」

その通りでございます。ほんとに賢い方はそうすると思うのですが、わたしは株式投資が趣味なので、お休みすることができません。負けても勝っても好きなんですもの。

それともうひとつは、お休みすると相場観がにぶってしまい、次の大相場の初動を逃してしまう可能性があります。それは悔しいですからね。こういうタフな相場で、負けない投資を続けていれば、次のご祝儀相場までには、投資の腕もますます（？）上がり、10倍どころか100倍にだって資産を増やすことができるかもしれません**（それぐらいは夢見させてください）**。

最後になりますが、出版のきっかけを与えてくださった鈴木雅光さん、原稿を読んで「本当におもしろかったです！」と調子に乗せてくださったビジネス社の唐津隆さん、日々わたしの失敗を楽しんでくれているメルマガ読者の皆さん＆メルマガ運営のｆｏｏｍｉｉ（フーミー）鈴木創介さんに、心より感謝いたします。

本書を手に取ってくださったすべての方が、勝ったり負けたりしながら、投資人生を存分に楽しめることを心より願って。

２０１９年６月

藤川里絵

本書は著者の売買体験に基づいた投資テクニックを解説したものです。
個人の投資結果を保証するものではありません。

●著者略歴
藤川里絵（ふじかわ・りえ）

日本最大のファイナンシャル教育機関であるファイナンシャルアカデミーにて、株式投資スクール講師担当。毎回100名以上が参加し、キャンセル待ちが出るほどの人気。2010年より株式投資を始め、年間損益負けなし。

著書『月収15万円からの株入門　数字オンチのわたしが５年で資産を10倍にした方法』（扶桑社）は、株式投資本としてベストセラーに。続編『数字オンチでもらくらく株デビュー！　月収15万円で株投資をはじめたわたしが５年で資産を10倍にした方法を書き込みながら実践する本』（扶桑社）も好評発売中。

メールマガジン「藤川里絵の勝ったり負けたり“赤裸々”株ノート」平日毎日配信中。

(http://foomii.com/00118)

Twitterアカウント @Forangina

データ提供／トムソン・ロイター
イラスト　／山中正大

株は５勝７敗で十分儲かる！

2019年７月10日　　第１刷発行

著　者　藤川　里絵
発行者　唐津　隆
発行所　株式会社ビジネス社
〒162-0805　東京都新宿区矢来町114番地
神楽坂高橋ビル５階
電話 03(5227)1602　FAX 03(5227)1603
http://www.business-sha.co.jp

カバー印刷・本文印刷・製本/半七写真印刷工業株式会社
〈カバーデザイン〉中村聡　〈本文デザイン〉茂呂田剛（エムアンドケイ）
〈編集担当〉本田朋子　〈営業担当〉山口健志

ISBN978-4-8284-2111-7

ビジネス社の本

河合雅司の未来の透視図

目前に迫るクライシス2040

河合雅司……著

定価　本体1100円＋税
ISBN978-4-8284-2006-6

これが日本消滅のスケジュールだ！
『未来の年表』の著者が提示する
「恐るべき」日本の悪夢
『未来の年表』の完全図解、副読本！

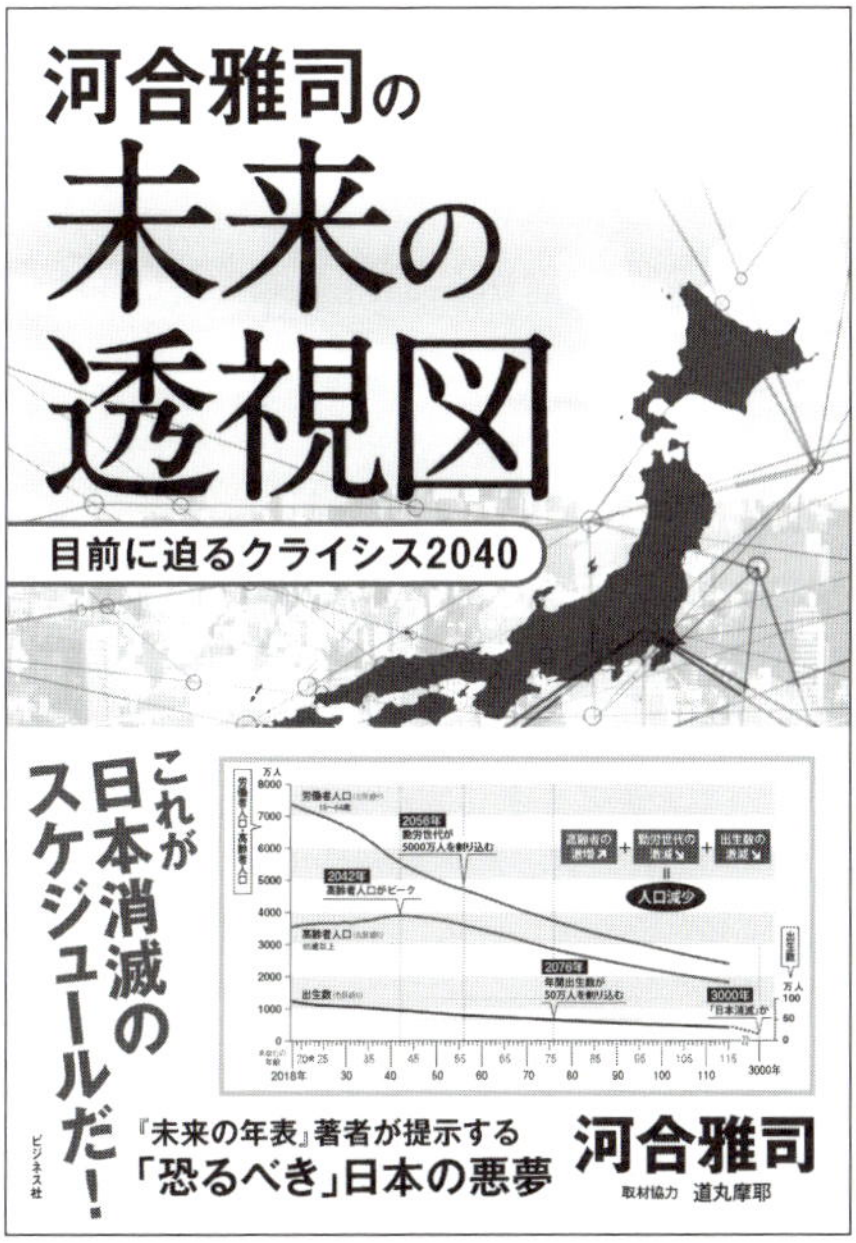

本書の内容

はじめに　人口減少日本が一目でわかる「未来の透視図」
第1章　「人生100年時代」の到来——高齢者の激増
第2章　「24時間社会」の崩壊——勤労世代の激減
第3章　「未来の母親」がいなくなる——出生数の激減
第4章　悲しすぎる地域の未来——全国で町やモノが消滅
第5章　ではどうする？「戦略的に縮む」ための5つの提言
あとがき　いつから「未来」という言葉が暗い意味になったのか